大学生の
学びをつくる
New Basics for
Collegiate Learning

半径5メートルからの
教育社会学

片山悠樹・内田良・
古田和久・牧野智和 編

大月書店

はじめに

　いま，偶然にも本書を手に取ってくれているのは，どのような方だろうか。教育について学んでいる学生だろうか。教育現場で日々悩みながら仕事をしている学校の先生だろうか。子育てに奮闘し，子どもの教育を案じている親だろうか。学生，教師，親……と，社会的な立場はさまざまであろうが，皆さんに共通するのは，（学校）教育を経験した（している）ことである。

　教育は私たちの人生に深く関係する営みである。現在20歳の若者でいえば，同年齢のほとんどが高校教育を受け，大学・短大あるいは専門学校への進学率はおよそ7割にのぼる。多くの若者が，少なくとも20歳まで学校教育を受ける社会となっているが，学校を卒業すれば教育とかかわらないで済むということはない。親になれば，子どもの教育についてあれこれ思い悩むこともあるだろう。また，仕事で必要なスキルを身につけるため，あるいは余暇を充実させるため，教育を受ける人もいるかもしれない。人生のさまざまな場面で私たちは教育を経験し，その経験は貴重なものとなる。

　ところが，教育について考えるとき，経験がマイナスに働くことがある。たとえば，いじめが問題となったとき，自身の経験に基づき「昔のいじめは××だったのに，最近のいじめは……」とつい考えてしまうことはないだろうか。さらに，身近な人たちと自身の経験を語りあい，「やっぱり昔は××でしたよね〜」と，経験を共有したことはないだろうか。しかし，少し考えていただきたい。身近な人たちのあいだで共有された教育の経験のみで，多様な教育現象をうまく理解することはできるだろうか。

　教育は誰もが経験しているため，自身の経験を中心に考え，そして似たような経験をもつ人々と価値観やものの見方を共有することで，ある種の「当たり前」のような感覚をつくり出す傾向がある。もちろん，その「当たり

前」がすべて問題というわけではない。ただ，ときに「当たり前」が教育問題を見誤らせることがある。そうならないためにも，「当たり前」を問い直す習慣を身につける必要がある。

　本書は，教育社会学を学ぼうとする初学者向けのテキストであり，キー・コンセプトは，教育の「当たり前」を問い直すことである。読んでいただければわかると思うが，自身の経験のみで論じるのではなく，さまざまなデータを提示しながら，できるだけ科学的に考えるための工夫をほどこしている。本書を通して，具体的なエビデンス（根拠）がないまま教育を考えるのではなく，自身の経験とデータを突きあわせながら，教育の「当たり前」を問い直しつつ，「当たり前」とは異なる見方を手に入れることをめざしてほしい。

　また，本書では身近な教育問題をとりあげている。それは，身近な教育問題ほど「当たり前」という感覚から理解されやすく，それ以外の見方に立つことが難しいためである。これが，本書の書名に付された〈半径5メートル〉なる言葉の意味するところである。

　本書は四つのパート，計12章から構成されている。第Ⅰ部（1章～3章）では，学力や進学の格差・不平等といった教育社会学の伝統的なテーマをあつかい，格差・不平等の社会的要因について学ぶ。第Ⅱ部（4章～6章）では，「学校に通う」ことを問い直し，学校以外で学ぶ子どもたちについて考える。続く第Ⅲ部（7章～9章）では，学校で学ぶ内容や行事の自明性を再考する。最後に第Ⅳ部（10章～12章）では，「心の問題」として理解されがちな若者問題に対して，大学生の就職活動，いじめ，少年犯罪を事例に，「心の問題」以外の視点から理解することをめざす。

　四つのパートはそれぞれ独立しており，系統的に知識を習得するかたちになっていないが，それは現代の教育問題が複雑化，多様化しているためである。読者の関心のあるパートから順次読み，読み終えたときに教育の「当たり前」を問い直す感覚を少しでも身につけていただければ幸いである。

最後に，本書の刊行にあたって大月書店編集部の岩下結さんには大変お世話になった。本書の企画段階から的確なアドバイスをいただき，執筆作業を温かく見守ってくださった。この場を借りて厚く御礼を申し上げたい。

　　　　　　　　　　　　　　　　　　　　編者を代表して　片山悠樹

目次

はじめに 3

第Ⅰ部 「大学生になる」ことを社会の観点から考える

INTRODUCTION ………………………………… 12

第1章 学力の獲得は平等なのか？（中西啓喜）…… 16
1. はじめに……………………………………… 16
2. 学力は努力によって決まるのか？
   ——日本社会に蔓延する努力主義神話…………… 18
3. 「学力調査の時代」における不平等の〈発見〉… 19
4. 日本の努力主義神話の実態……………………… 24
5. 家庭環境が学力に変換されるメカニズム
   ——文化的再生産と文化資本……………………… 25
6. まとめ…………………………………………… 27

第2章 高等教育への進学とジェンダー（白川俊之）
………………………………………………………… 31
1. ジェンダー分析の視角………………………… 31
2. 進路選択のジェンダー構造…………………… 33
3. 高学歴化の時代——世界と日本における性差の現状 … 37
4. 理系・文系の選択とジェンダー……………… 42
5. 変わってきたジェンダーと教育の関係……… 45

第3章 高学歴社会における教育機会と費用負担
（古田和久）………………………………………… 48
1. はじめに——学校教育の拡大と教育機会……… 48

2. 高学歴社会における教育機会の格差 ………… 50
　　　3. 高学歴社会における教育費負担の問題 ………… 53
　　　4. おわりに ………………………………………… 60

第Ⅱ部　**「学校に通う」ことは当たり前か？**

　INTRODUCTION ……………………………………………… 66

　第4章　学校に「行っていない」子どもたち
　　　　　（片山悠樹）……………………………………… 69
　　　1. 学校に「行っていない」理由？ ……………… 69
　　　2. 「福祉の問題」としての長期欠席 …………… 73
　　　3. 「心の問題」と「選択の問題」………………… 74
　　　4. 「進路」という新たな問題設定 ……………… 79
　　　5. 「どこで学ぶ」から「何を学ぶ」へ ………… 81

　第5章　貧困世帯の子どもたち（林 明子）…………… 86
　　　1. 日本における子どもの貧困 …………………… 87
　　　2. 貧困世帯の子どもの学校生活 ………………… 92
　　　3. 貧困世帯の子どもの実情 ……………………… 94
　　　4. まとめ …………………………………………… 98

　第6章　学校の外で学ぶ子どもたち（伊藤秀樹）…… 101
　　　1. 小学校・中学校の外で学ぶ子どもたち …… 102
　　　2. 高校の外で学ぶ子どもたち ………………… 107
　　　3. 学校外での学びをめぐる二つの留意点 …… 112

第Ⅲ部　**教育のなかの「正しさ」を疑う**

　INTRODUCTION ……………………………………………… 118

第7章 「英語は全員が学ぶもの」という自明性を
　　　疑う（寺沢拓敬）……………………………121
　　1. 「英語を学ぶのは当然」という状況はいつから？
　　　　……………………………………………………121
　　2. 中学校英語の戦後史……………………………123
　　3. なぜ事実上の必修化は生まれたか……………129
　　4. 歴史によって規定された現在の自明性………134
　　5. 結論………………………………………………137

第8章 部活動は学校において合理的な活動か？
　　　（加藤一晃）……………………………………139
　　1. 学校にとって「部活動」とは何か……………139
　　2. 組織社会学の視座………………………………142
　　3. 部活動のもつ合理性……………………………147
　　4. まとめ……………………………………………153

第9章 子どもの安全・安心を脅かす「教育」（内田 良）
　　　………………………………………………………155
　　1. 教育の魔力………………………………………155
　　2. 「教育」という正当性…………………………157
　　3. 市民全体の問題…………………………………164
　　4. 教育から離れて「安全」を考える……………167

第Ⅳ部　若者をとりまく「空気」を読み解く

INTRODUCTION ……………………………………172
第10章 教育から職業への移行と就職活動（妹尾麻美）
　　　………………………………………………………176
　　1. 「大人になったらなりたいもの」……………176

2. 学校卒業後の進路 …………………………… 177
   3. 新規学卒就職 – 採用の歴史 ………………… 179
   4. メリトクラシー ……………………………… 184
   5. キャリア教育の誕生とハイパー・メリトクラシー
      ………………………………………………… 186
   6. 個人の働き方と社会 ………………………… 189

第11章 「いじめ」問題がつくる視角と死角（知念 渉）
………………………………………………………… 193
   1. いじめより100倍恐ろしい？ ………………… 193
   2. 社会問題としてのいじめ …………………… 194
   3. なぜいじめは起こるのか？ ………………… 199
   4. 「いじめ」という視角の死角 ………………… 205
   5. おわりに ……………………………………… 211

第12章 少年犯罪についての認識とメディア
（牧野智和）………………………………………… 214
   1. 少年犯罪についての「認識」と「実態」のギャップ
      ………………………………………………… 214
   2. 少年犯罪報道は私たちに何を伝えてきたか
      ——新聞報道の通時的分析 ………………… 216
   3. 「心の闇」から抜け出すことはできるか？
      ——神戸・連続児童殺傷事件報道の再検証 ……… 223
   4. 私たちの「当たり前」を問い直すこと
      ——犯罪報道の国際比較を手がかりに ………… 230

執筆者一覧　235

第Ⅰ部

「大学生になる」ことを社会の観点から考える

INTRODUCTION

　本書を手に取ってくださった皆さんには大学生が多いと思われるが，第Ⅰ部では「大学生になる」ことへと至る，進路選択の基礎にある要因（学力，ジェンダー，教育費負担）について，社会の動きと関連づけて考えてみたい。大学生の皆さんは，小学校から高校までの各学校段階で「がんばって勉強したことによって，大学入学試験に合格した」と自負している人も多いだろう。また，そうした学校での経験，あるいは大学進学すること自体を，何も特別ではなく「当たり前のこと」と感じているかもしれない。

　しかし，それらは本当に「当たり前のこと」といえるだろうか。あるいは，なぜそのように感じるのだろうか。ここで，次のことに注意して考えてみてもらいたい。それは，私たちは自分自身の経験や身近な事例のみに基づいて教育や社会のことを考え，意見を述べることがとても多いことである。このため，第Ⅰ部ではまず「努力して学力を獲得する」「大学生になる」ことを題材に，客観的データを交えながら，現在の教育について社会的な観点から検討してみたい。

　文部科学省の「学校基本調査」によれば，2016年度の大学進学率は52.0%であり，同年齢集団の約半数が大学に進学している。逆にいえば半数は大学に行っていないことになり，大学進学が「当たり前だ」という思考は，そうした半分の人々に目が向いていないと言うこともできる。そうは言っても，高校の同級生の大半は大学に行った，という人も多いだろう。ただし，どのような高校を卒業したかによって生徒の進路は大きく異なるので，自分の高校の環境が，大学進学を当然のこととみなす思考の背後にあるかもしれない。

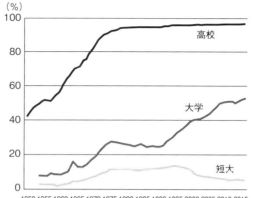

図Ⅰ 高校および大学・短大進学率の推移

(出所) 文部科学省「学校基本調査」(各年度版)。

図Ⅰは高校および大学・短期大学（合わせて高等教育という）の進学率を示したものである。一見して、これらの進学率が戦後大幅に上昇してきたことがわかる。大学進学率には停滞期も見られるのだが、こうした進学率上昇の背景は、一般に**プッシュ要因**と**プル要因**の二つに分けて考えられる。すなわち、大学進学には費用がかかるが、それを支出する余裕がなければ進学できない。逆にいえば、一人あたりの所得が増加し、費用負担が可能になった結果、進学率が上昇したのである（プッシュ要因）。一方、大学を卒業しても、大卒に見合った職業がなければ進学する人は少ないだろう。つまり、産業構造や職業構造が変化し、高学歴人材を要する職業が増えたために、進学率も上昇するというメカニズムである（プル要因）。

現在の大学進学率は1990年代初頭以降の再上昇期にあるが、再上昇するなかで懸念されたのが「学力低下」である。実際、学力に関する近年の議論の発端は1990年代後半における大学生の「学力低下」問題であった。さらに、教科内容を削減する学習指導要領の実施と重なり、各学校段階において学力低下への懸念が強まったのだが、1990年代後半から2000年代はじめにはそれを検証する学力調査のデータが存在していなかった。文部科学省による「全国学力・学習状況調査」が始まったのも2007年からである。第１章は、2000年代以降に実施された学力調査データから、学力の獲得が本人の努力

のみに依存するのかどうかについて検証し,「努力主義神話」の問題点を明らかにする。

　一方,大学進学率が上昇するなかで,現在では女子であっても男子であっても,大学進学が高校卒業後の主要な進路となっている。ただしこの状況は,時代をさかのぼればそれほど古いことではない。高学歴化が進行するなかで,進路選択の男女差はどのように変化してきたのか,あるいはどのような点では変わっていないのか。第2章では,「大学生になる」ことについて,ジェンダーという視点から検討する。そして男女の進路選択について,統計データをもとに,過去あるいは海外の動向と比較しつつ,現在の日本社会がどのように特徴づけられるかを考えてみたい。

　先ほど,大学進学率が上昇した背景には,一人あたり所得の増加というプッシュ要因があったことを述べた。確かに,1960年代から70年代は経済成長とともに進学率が上昇したのだが,対照的に90年代以降は経済不況のもとでの大学進学率の再上昇であり,家計所得の増加によってもたらされたわけではない。このため,誰がどのような方法で高等教育の費用を負担するか,という問題が顕在化している。第3章は,高等教育の費用負担に関する近年の動向について,家庭背景および奨学金制度の観点から検討し,「大学生になる」ことが社会とどのようにつながっているかを考える。

　第Ⅰ部の各章の基調には,高学歴化とともに,格差・不平等の問題がある。それぞれの議論は各章をお読みいただくとして,次の点は重要だと考える。アメリカの政治学者**ロバート・パットナム**によれば,格差拡大が著しいアメ

リカのある都市では，東西で社会階層による居住地の分断が進んでいるために，上層の人々には街の反対側で生じている貧困などの困難が見えなくなっているという (Putnam, Robert D., *Our Kids: The American Dream in Crisis*, Simon & Schuster, 2015)。日本はアメリカほど社会経済的格差が大きくないとしても，教育あるいは格差の問題を考えるとき，自分や身のまわりの事例だけでなく，多様な視点から考える必要があることがわかるだろう。こうしたことも意識して，各章をお読みいただければ幸いである。(古田和久)

各章キーワード
 第1章　学力の不平等，努力主義神話，文化資本
 第2章　ジェンダー，進路選択，性役割規範
 第3章　教育拡大，教育機会の格差，奨学金制度

第1章
学力の獲得は平等なのか？

1. はじめに

　「学力とは何か？」という素朴な疑問は，素朴であるがゆえに答えることが難しい。もしかしたら，ある人は「受験戦争を勝ち抜く力」が学力だと主張するかもしれないし，別のある人は「人とうまくつきあっていく力（コミュ力！）」こそ真の学力だと反論するかもしれない。

　こうしたさまざまな意見があるものの，本章では学力を検討していくに際して，「学校で教えられる知識を，児童生徒がどの程度習得しているかを測定した得点」と狭く定義して議論を展開していく。学力をこのように定義することのもっとも重要な意義は，学力がどのように獲得されるのかを明らかにすることが，教育が平等な社会をつくることに寄与しているのかどうかを検討するための指針となるからである。

　かつて，人々の社会的地位は「生まれ」によって決まっていた。たとえば武士の子は武士に，農民の子は農民になるといったようなものである。しかし，次第に社会で求められる技術が高度化してくると，どのような生まれであるかによって人々の職業（社会的地位）を決めているようでは，自由・平等・効率といった近代社会が標榜（ひょうぼう）する価値にそぐわなくなる。そのため，人々の社会的地位は生まれではなく「能力」や「業績」により決定されるべ

図1-1 近代における学校教育

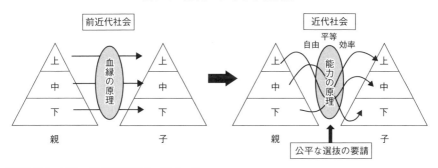

(出所) 酒井・多智・中村編著(2012), 33ページ。

きだ，ということになる。簡単にいえば，近代社会とは「誰であるか」ではなく「何ができるか」が重視されるような社会だ，ということである。こうした社会を**メリトクラシー**と呼ぶ(10章も参照)。だからこそ学校教育は，人々が「何ができるか」を適切に判断するための「公平な選抜の要請」に応える中心的な機能を果たす機関のひとつだといえるのである (**図1-1**)。

現代社会では多くの人が学校へ行き教育を受ける。学校の授業で習って覚えた／理解した知識は，大学受験などのいくつかの場面で「試験」される。それが一般的には「学力」として認識されるものだが，その学力の得点によって学歴が決まる。そして学歴を得ることで，さまざまな職業へと進んでいく。しかしそのときに，学力の獲得が生まれによって決まっているとすれば，学校教育が人々の生まれによる不平等の再生産に加担していることになる。

本章では，これまでの教育社会学の研究において，子どもの学力の獲得メカニズムがどのように説明されてきたかを紹介することで，戦後日本の教育社会の実態を検討していく(1)。

2. 学力は努力によって決まるのか？
——日本社会に蔓延する努力主義神話

　まずは身のまわり（半径5メートル）の経験を問い直すところからスタートしてみよう。学力や学歴の獲得にとって，どのような要因が一番大切だと考えるか，自分自身に問いかけてみてほしい。こうした意識について，1995年に実施された「社会階層と社会移動調査」という社会調査でデータが収集されているので，その集計結果を見てみよう。1995年は現在から約20年前なので，いま（2017年現在）の大学生は，この調査を受けた大人たちに囲まれて育ったということになる。

　意識調査の質問項目は，「子どもの学業成績や学歴がどのように決まるのか」について，回答者の意見に一番近いものを選択肢からひとつ選んでもらう形式で，結果は**図1-2**にまとめた通りである。数値を詳述すると，「本人がどれだけ努力したかによってだいたい決まる」が60.6％，「家庭でのしつけや親の教育方針によってだいたい決まる」が23.7％，「生まれ育った家庭

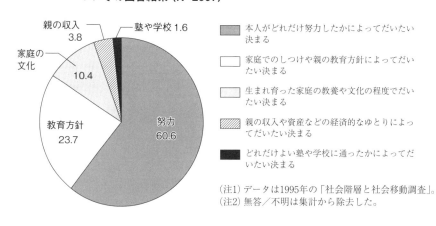

図1-2 「子どもの学業成績や学歴がどのように決まるのか」という意識についての回答結果（N=2607）

- 本人がどれだけ努力したかによってだいたい決まる
- 家庭でのしつけや親の教育方針によってだいたい決まる
- 生まれ育った家庭の教養や文化の程度でだいたい決まる
- 親の収入や資産などの経済的なゆとりによってだいたい決まる
- どれだけよい塾や学校に通ったかによってだいたい決まる

（注1）データは1995年の「社会階層と社会移動調査」。
（注2）無答／不明は集計から除去した。

の教養や文化の程度でだいたい決まる」が10.4％,「親の収入や資産などの経済的なゆとりによってだいたい決まる」が3.8％,「どれだけよい塾や学校に通ったかによってだいたい決まる」が1.6％となっている。これらの選択肢を,「本人がどれだけ努力したかによってだいたい決まる」という意見を〈努力〉,それ以外の意見を〈家庭〉と大まかにくくって考えてみる。すると,日本では学力や学歴の獲得について,6割の人が〈努力〉が重要で,4割の人が〈家庭〉が重要だと考えていることがわかる。

　日本社会,少なくとも2017年現在の大学生が育ってきた環境にいた多くの大人たちには,子どもの学業成績や学歴を決める主要因は努力なのだという意見の人が多かった。このように,日本では学力や学歴の獲得のためには個人の努力が重要だとひたすらに強調される。貧困家庭の子どもの学力が低いという事実も,多くの人々が「知ってはいた」ことはたしかである。しかしそれでも多くの人は,そうした家庭に起因する教育の不平等は「誰でもがんばれば」克服できると信じていたのである（苅谷 1995；2001）。データや根拠もなく広く信じられている現象や事象,これを「神話」と呼ぶ。本章では,日本の教育社会における努力を重視する考え方を**「努力主義神話」**と名づけ,この神話の検証を通じて,学力を教育社会学の視点から学術的に検討していこう。

3.「学力調査の時代」における不平等の〈発見〉

(1) なぜ学力問題は置き去りにされてきたのか

　戦後の日本社会では,教育の不平等が十分に議論されることなく,「誰で

もがんばれば」克服できると信じられてきた。そこには次のような理由が想定できる。

　第一に，戦後の経済成長にともなって，短期間で多くの人々が高校や大学に行くようになったという社会の変化である。当時の人々は，生活が豊かになっていく過程と短期間での教育機会の拡大を同時に経験したため，「がんばって勉強すれば立身出世が成しとげられる」という楽観的な考え方が蔓延したのかもしれない。

　第二には，日本は欧米諸国に比べて社会階級や人種による文化的多様性が明確ではないため，学力や学歴の獲得に対する人々のスタートラインの不平等が見えにくい。その反面で，個々人が努力しているかどうかは比較的見えやすいので，努力が尊いと皆が考えるようになった。

　第三に，どんな家庭背景の子どもであっても，学校では公平な処遇を与えるべきだという日本的な平等主義が，実態としての不平等を隠蔽した，などが考えられる（苅谷 1995；2001など）。

　そして，本章にとってもっとも重要な理由だと考えられるのは，戦後の日本社会において，学力の不平等の実態を国家的規模でとらえるためのデータがほとんどなかったからだ，というものである。データがないということは，神話を検証する術がなかったということを意味している。たしかに，前述のように貧困家庭の子どもの学力が低いという事実も，多くの人々は経験的に「知ってはいた」のだろう。しかし，それでも多くの人は，そうした教育における不平等は「誰でもがんばれば」克服できると信じてきた。戦後の日本社会は，努力主義神話を暴くためのツールを持っていなかったのである。

(2) 学力調査の時代

　一転して，教育社会学における2000年代は「学力調査の時代」だった（苅谷・志水編 2004）。文部科学省が実施する「全国学力・学習状況調査」が開始

されたのは平成19年（2007年）からであり，きわめて最近始まったにすぎないということを認識してほしい。こうしたデータ不足が招いた帰結のひとつとして，子どもたちの家庭背景に起因する不平等も「誰でもがんばれば」克服できるという努力主義神話が信じられてきたのである。

　ところが2000年代には「学力調査の時代」が訪れた。長らく国民的関心事ではなかった「学力」が本格的に社会問題として認識されだしたのは，1999年に出版された『分数ができない大学生——21世紀の日本が危ない』（岡部恒治・戸瀬信之・西村和雄編，東洋経済新報社，1999年）をきっかけとしつつ，マスメディアによって「子どもの学力が低下している」という言説が漠然と登場したためといわれている（佐藤 2009）。少しずつ浮上してきた「学力問題」は，「ゆとり教育」の是非の議論とも絡められながら，徐々に社会問題として認識されていった。

　こうしたなかで教育社会学者は，日本の子どもたちの学力は「低下」しているのではなく，「二極化」しているのではないかと考え始めた。しかし，日本には学力の不平等を実証的にとらえるためのデータがほとんどなかった。日本の教育研究者は，外国の研究成果を通じて学力の不平等について「知ってはいた」が，直接測定して「見る」ことも「説明する」こともできなかった（耳塚編 2014）。このような潮流を経て，2000年代になってようやく，教育社会学者はこぞって学力調査を開始し，「学力調査の時代」を迎えるに至ったのである。

　蓄積されてきた数多（あまた）の学力調査を手がかりとしつつ，2007年からは文部科学省による「全国学力・学習状況調査」が始まった。この調査は児童生徒の家庭環境についての情報収集はほとんどおこなっていないが，2013年には例外的に，大規模な保護者調査が実施された。この調査は「平成25年度全国学力・学習状況調査（きめ細かい調査）」と冠され，家庭状況と児童生徒の学力等の関係について分析するために，保護者の収入，学歴水準，教育に関する考え方等の情報が収集された。その具体的な調査規模は小学6年生

の保護者が約2万人，中学3年生の保護者が約3万人であり，日本の学力の不平等をとらえるための調査としては前例がない規模であった。国がこうした大規模な教育調査をおこなうことは初の試みだったが，その理由には，2000年代に入って生育環境と教育達成の不平等が活発に議論され，国家はそれに対応すべきだという機運が高まったことがあるだろう。この調査データはお茶の水女子大学に分析・報告が委託され，家庭的背景による学力獲得の不平等の状況が報告書としてまとめられている（お茶の水女子大学 2014）。

お茶の水女子大学の研究グループによる分析の成果を見てみよう。当該研究グループは，まず保護者に対する調査結果から，家庭所得，父親学歴，母親学歴の三つの情報によって子どもの家庭背景を測定した。このように測定される子どもの家庭背景は，社会学では「社会経済的地位（Socio-Economic Status：SES）」と呼ばれる。

こうして測定されたSESを「上位」「中上位」「中下位」「下位」に四等分し，それぞれのグループごとに学力の平均点を比較したものが**表1-1**である。数値の詳細は表を確認してもらいたいが，簡単に言えば，家庭が裕福な児童生徒のほうが，各教科の平均正答率が高い傾向が見られるということである。

いまのところは，このような保護者データとセットになっている学力調査は一度だけのため，きわめて限定的ではあるものの，この段階において，ようやく学力の不平等が国家的規模で明らかにされ始めたのである。

加えて近年では，小学校低学年で一度決まった学力の相対的な位置は，その後もほとんど変化しないということが明らかにされ始めている。中西啓喜（2015）は，小学3年生，小学6年生，中学3年生までの6年間で3回にわたって実施された学力調査データを用いて，学力スコア（算数・数学）の変化のパターンを明らかにしている。

図1-3は，学力スコアを上位・中位・低位に三等分し，学力スコア上位を維持している児童生徒の割合が，親学歴別にどのように変化するのかを示した折れ線グラフである。この図が示す通り，小3時点ですでに存在する学力

表1-1　家庭の社会経済的背景と学力の関係

		社会経済的地位						
		下位		中下位		中上位		上位
小6	国語A	53.9	<	60.1	<	63.9	<	72.7
	国語B	39.9	<	46.1	<	51.4	<	60.0
	算数A	68.6	<	75.2	<	79.2	<	85.4
	算数B	47.7	<	55.1	<	60.3	<	70.3
中3	国語A	70.7	<	75.2	<	78.6	<	83.6
	国語B	59.8	<	66.0	<	70.3	<	76.7
	数学A	54.4	<	62.0	<	67.5	<	75.5
	数学B	31.5	<	38.0	<	44.9	<	55.4

(出所) お茶の水女子大学 (2014)。(4)

図1-3　親学歴別，学力スコア (算数・数学) 上位層の変化パターン

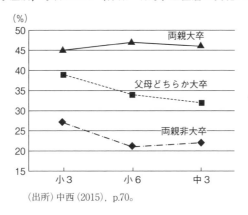

(出所) 中西 (2015), p.70。

格差は,「両親大卒」と「両親非大卒」の児童生徒では小6にかけて拡大し,中3にかけてほぼ固定される。一方で,「父母どちらか大卒」では,学力上位を維持する児童生徒が徐々に減少している。つまり,学年の上昇とともに拡大する傾向があるということである。

以上のように,「学力調査の時代」に発見された現代日本社会の学力の不平等は,非常に根深いことがデータとして把握されだした。

4. 日本の努力主義神話の実態

「学力調査の時代」を経て，学力データを手に入れた2000年代の日本の教育社会学者は，子どもの学力の不平等をいかにして克服できるかについての分析も蓄積した。そして，一連の分析報告が明らかにしてきたのは，学力はSESによって大部分が説明されるものの，努力（家庭での学習時間）が学力を「改善」するのに対して一定の効果があるということである（耳塚編 2014，中西 2015など）。

ところが，不利な家庭背景にある児童生徒が自助努力によって得られる学力について，前出のお茶の水女子大学の分析レポートにおいてショッキングな知見が公表されている。当該報告書に収録されているレポートでは，「社会経済的地位が上位の子どもがまったく勉強しなかった場合の正答率を上回るには，その他の地位の子どもがどのくらい勉強すればよいのか」ということを分析している。

その結果が**図1-4**である。この図は中学3年生の数学（A問題）の分析結果である。詳しく見ていこう。社会経済的地位が上位の子どもがまったく勉強しなかった場合の正答率は62.5％であった（図中の□囲み）。これを上回るには，社会経済的地位が中上位の子どもは「30分以上，1時間未満」，社会経済的地位が中下位の子どもは「2時間以上，3時間未満」の学習によって62.5％の正答率を上回ることができる（図中の○囲み）。

しかし，社会経済的地位が下位の子どもは，質問紙での尺度上最大である「3時間以上」の学習をしても，62.5％の正答率を上回ることができないことが明らかにされた。この結果はあくまでも平均値の比較にすぎないので，すべての児童生徒がこうした結果に該当するわけではないことには注意を払うべきである。しかし，ひたすらに個人の努力を奨励するだけでは，学力の不平等は克服されないということが実証的に示されたのである。

図1-4 社会経済的背景別，学習時間と数学A正答率の平均値（中3）

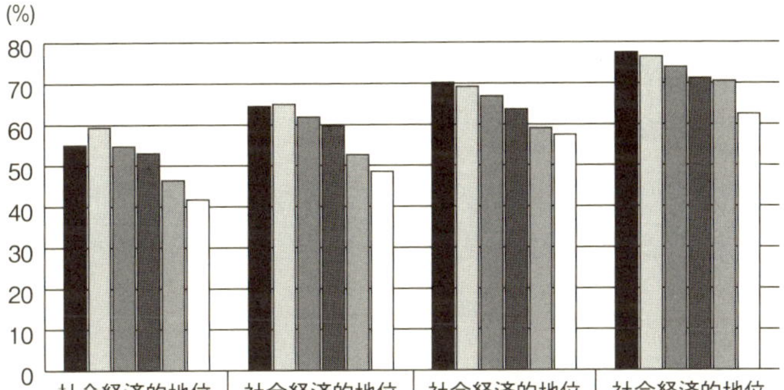

	社会経済的地位 下位	社会経済的地位 中下位	社会経済的地位 中上位	社会経済的地位 上位
■ 3時間以上	55.1	64.5	70.2	77.5
□ 2時間以上，3時間未満	59.4	65.0	69.2	76.5
■ 1時間以上，2時間未満	54.8	61.9	66.9	73.9
■ 30分以上，1時間未満	53.0	59.7	63.7	71.2
▨ 30分より少ない	46.4	52.7	59.1	70.5
□ 全くしない	41.7	48.5	57.5	62.5

（出所）お茶の水女子大学（2014），p.91。

5. 家庭環境が学力に変換されるメカニズム
―― 文化的再生産と文化資本

　さて，先の**図1-4**の結果は，簡単にいえば，もっとも家庭背景に恵まれない勤勉な子どもの学力は，もっとも家庭背景が恵まれている勤勉でない子どもの学力を下回るということである。もっとも家庭背景に恵まれない子どもが，もっとも家庭背景に恵まれている子どもと同等以上の努力をしているにもかかわらず，「努力の不平等」が生まれるのはどうしてだろうか。これについて，教育社会学ではしばしば**文化的再生産論**という枠組みで説明されることがある。そこで，ここでは文化的再生産論についての理解を深めておこう。

第1章　学力の獲得は平等なのか？

最初に述べたように，社会が近代化するほどに，親と子が同じ社会的地位にとどまるということは減少し，そこでは一見すると「公平なルール」に基づいた教育選抜がおこなわれているように見える。それにもかかわらず，家庭背景による学力格差が見られるのは，家庭に起因する文化的な要因が影響しているからである。そのときのキー概念となるのが，フランスの社会学者である**ピエール・ブルデュー**によって提唱された**文化資本（Cultural Capital）**である（Bourdieu 1979 = 1986）。

　文化資本は，個人と家族が所有する文化的な「無形の資本」であり，経済資本（貨幣）および社会資本（人脈やコネ）に交換可能であり，かつ蓄積可能である。結果として，家庭での文化資本の多寡が，個人や家族の社会的地位のレベルをあらわす手段として利用される。

　また文化資本は，(1) 客体化された様態（絵画，ピアノなどの楽器，本などの保有），(2) 制度化された様態（学歴や資格の保有），(3) 身体化された様態（読書習慣や芸術に対する審美眼の保有）という三つの様態に区別される。教育の場面に即して例を挙げれば，(1) 家に本がたくさんあったり，子どもが勉強するための部屋や机があったりする，(2) 親が大卒だったり専門的な職業に就いていたりする，(3) 親に読書習慣があり文学を好む，などといった具合である。

　こうした文化資本のことを「正統文化」と呼ぶことがあるが，正統文化を有している家庭では，親が文化資本を伝達するためのコミュニケーションを子どもと日頃からとっている。そして，正統とされる文化資本は学校教育と親和的であるため，「正統」な文化資本を所有している子どもは教師とのコミュニケーションを円滑にこなし，教師からの評価も高く成績もよい。その結果として，子どもが家庭における文化資本を吸収し，学力や学歴への変換をおこなうようになっていくのである。文化資本は態度・嗜好，正統な知識・ふるまい・財・学歴資格といった，地位の高い文化的シグナルを提供する重要な媒体として機能し，文化資本を所有しない社会的集団を排除するのである。

6. まとめ

(1) 努力の効果は生まれによって異なる

　それでは，**図1-4**の結果について，文化的再生産論ないし文化資本論という視点から考察していこう。あらためて**図1-4**の結果を記述しておくと，「もっとも家庭背景に恵まれない勤勉な子どもの学力は，もっとも家庭背景に恵まれる勤勉でない子どもの学力を下回る」というものである。この悲劇的な結果の原因には，(1) SESによる初期的な不平等が大きすぎて努力だけでは学力差が克服できない，(2) SESによって努力の効果が異なる，という二段階のメカニズムが想定できる。第一段階は家庭環境そのものが生み出す不平等であり，第二段階は個人と家庭による実践が生み出す不平等である。本章が問題視したいのは，とくに第二段階の不平等，すなわち努力の効果にかかわる不平等である。この努力の不平等について，文化的再生産論ないし文化資本論を手がかりに考察すれば，次のような説明が可能である。

　子どもは，家庭において身につけてきた種々の傾向や予備知識の総体において異なっている。そのため，学力や学歴の獲得をとりまく種々の学習行動（ここでは努力）は，形式的に平等であるにすぎない。つまり，文化的に裕福な家庭の子は「効果的な学習」がより内面化・身体化されているために，数字上で同じだけ努力していたとしても，その効果が異なるということである。その結果，いくら個々人の努力を強調したところで，生まれに起因する学力の不平等は克服することが難しいのである。

(2) 日本の努力主義神話の帰結

　図1-2で見たように，日本社会では多くの人が学力や学歴の獲得は努力に

よってなされていると考えている。その結果，人々は努力によって獲得した学力ないし学歴によって不平等な処遇を受けるが，これは社会的地位が能力的にマッチングしていることを要求する近代社会ゆえである。そして，人々がその不平等な処遇を受け入れることができるのは，自身の学力や学歴を指標とする能力（のようなもの）の獲得に向けた努力不足による「自己責任」として，各々が受け入れているからである。

　しかし，人々の不平等が「自己責任」だという含意が得られるまでには，学力ないし学歴の獲得に至るまでのプロセスが平等でなければならない。本章で見てきた通り，学力の獲得には (1) 生まれによって差があるだけではなく，(2) 努力を強調するだけでは埋められない格差がある。このように見ると，日本社会に蔓延する努力主義の神話は，「勉強ができなかったのは当人ががんばらなかったからだ」というように個人の失敗を努力の欠如に帰着させ，子どもたちの生まれによる不平等を隠蔽し，その隠蔽に学校教育も加担してきたのである（苅谷 1995；2001）。

　本章を締めるにあたり，最後に 1 点書き添えておきたい。この本の読者には，教員を志望し，教職科目の勉強のためにと本書を手に取った大学生も多いだろう。理解してほしいのは，「教師にとって子どもは平等だが，子どもの背景は平等ではない」ということである。教師が子どもに「公平に」接するがあまりに，子どもの生まれに起因する不平等を拡大してしまうということは多い。こうした点に注意を払いながら学習を重ね，教師をめざしてほしい。

WORK

❶ ここでも紹介した，お茶の水女子大学が分析した『平成25年度 全国学力・学習状況調査（きめ細かい調査）の結果を活用した学力に影響を与える要因分析に関する調査研究』は，インターネット上にて無料で閲覧することができる（参考文献中にURLを掲載したが，検索エンジンに「全国学力・学習状況調査　きめ細かい調査」と入力しても簡単にヒットする）。一般向けに書かれた報告書であるため，内容もそれほど難解ではない。この報告書を閲覧し，これまでに「学力は○○によって決まっているはずだ」と考えていたことについて，この報告書ではどのように分析・報告されているかを確認し，学力格差の実態について報告しよう。

❷ ある学問領域において歴史的な価値をもち，読み返すたびに新たな発見がある図書を「古典」と呼ぶ。本章で紹介した苅谷剛彦の『大衆教育社会のゆくえ——学歴主義と平等神話の戦後史』（苅谷 1995）は，わずか二十数年前に出版されたものではあるが，その考察の深さゆえに教育社会学における「古典」として位置づけることができる。当該図書を読み，戦後日本の教育社会がどのような歪みを生んできたのかを報告しよう。

〈注〉
(1) 本章における教育社会学のいくつかの前提は，酒井・多賀・中村編著（2012）を参照している。教育社会学の基礎概念を確認するのに適した図書であるため，同時に参照いただきたい。
(2) 国際的に見ると，学力や学歴の獲得に対して個人の努力を重視するのは，日本を含む東アジアでは共通の傾向だという（恒吉 2008）。
(3) 全国学力・学習状況調査では，小学6年生と中学3年生を対象として，①国語と算数・数学の学力調査と②普段の生活における学習状況についてのアンケート調査が実施されている。また，学力調査はA問題とB問題に分かれている。A問題は，主として「知識」にかかわる出題で，身につけておかなければ後の学年等の学習内容に影響を及ぼす内容や，実生活において不可欠であり常に活用できるようになっていることが望ましい知識・技能などに関するアセスメントである。B問題は，主として「活用」にかかわる出題で，知識・技能等を実生活のさまざまな場面に活用する力や，さまざまな課題解決のための構想を立て実践し，評価・改善する力などに関するアセスメントである。当該調査は悉皆調査をめざしてはいるものの，私立学校や一部の地域が調査協力を拒否していることもある（文部科学省による「全国学力・学習状況調査の概要」

http://www.mext.go.jp/a_menu/shotou/gakuryoku-chousa/zenkoku/1344101.htm〔2017年4月9日取得〕を参照）。
(4)「平成25年度全国学力・学習状況調査（きめ細かい調査）保護者に対する調査結果概要」に掲載された表を加工した。http://www.nier.go.jp/13chousakekkahoukoku/kannren_chousa/pdf/hogosha_summary.pdf〔2017年4月9日取得〕

〈謝辞〉本稿の執筆にあたり，東京大学社会科学研究所附属社会調査・データアーカイブ研究センターSSJデータアーカイブから「1995年SSM調査」の個票データの提供を受けました。

〈参考文献〉
お茶の水女子大学（2014）『平成25年度 全国学力・学習状況調査（きめ細かい調査）の結果を活用した学力に影響を与える要因分析に関する調査研究』http://www.nier.go.jp/13chousakekkahoukoku/kannren_chousa/pdf/hogosha_summary.pdf
苅谷剛彦（1995）『大衆教育社会のゆくえ――学歴主義と平等神話の戦後史』中公新書
――――（2001）『階層化日本と教育危機――不平等再生産から意欲格差社会へ』有信堂高文社
苅谷剛彦・志水宏吉編（2004）『学力の社会学――調査が示す学力の変化と学習の課題』岩波書店
酒井朗・多賀太・中村高康編著（2012）『よくわかる教育社会学』ミネルヴァ書房
佐藤学（2009）「学力問題の構図と基礎学力の概念」（東京大学学校教育高度化センター編『基礎学力を問う――21世紀日本の教育への展望』東京大学出版会，1-32ページ）
恒吉僚子（2008）『子どもたちの三つの「危機」――国際比較から見る日本の模索』勁草書房
中西啓喜（2015）「パネルデータを用いた学力格差の変化についての研究」（『教育学研究』第82巻第4号，65-75ページ）
耳塚寛明編（2014）『教育格差の社会学』有斐閣アルマ
Bourdieu, Pierre（1979=1986）"Les trois états du capital culturel." *Actes de la recherche en sciences sociales*, 30（「文化資本の三つの姿」福井憲彦訳，『アクト』1，日本エディタースクール出版部，18-28ページ）

第 2 章

高等教育への進学とジェンダー

1. ジェンダー分析の視角

(1)「大学に進学する」ことは男女で平等か？

「女子と男子では，大学に進学できるチャンスが異なる」と言われたら，読者の皆さんはどんな感想をもつだろうか。女子であれ男子であれ，現在すでに大学に通っている人にとって，これまでの自分の進路の選択に性別が影響を与えていたと想像することは，けっこう難しいかもしれない。学力や家庭の経済力によって人生が左右されるという話ならまだしも，性別との関係を問われたところで，どう答えてよいかわからないというのも，不自然な反応ではないと思う。

しかし，男女の教育格差は事実として存在する。それは，時代をさかのぼるほどデータの上にくっきりとあらわれてくるし，現在でも高校を卒業後，大学に進学する人の割合は男子のほうが女子よりも大きい。

また，皆さんは「女（男）なのだから，○○しなさい（するべきだ）」と誰かに言われたり，そういう場面を目撃したりしたことはないだろうか。こういう言い方は，周囲の人々が，特定の行動に対する期待を行為者の性別によって変えていることを示している。そして，かつては「学歴を得る」ことへの

(主に親の)期待に大きな男女差があり,それが男女に与えられる教育のレベルを強く規定していた。以下ではこうしたことをさらに詳しく検討していくが,それに先立って,この章の主題である**ジェンダー**という視角がどのような問題意識に発していて,さらに学校や教育とどうかかわっているかを整理しておこう。

(2) 社会的,文化的に構成された「性差」

「人は女に生まれるのではない,女になるのである」というテーゼを掲げたボーヴォワールは,その後のジェンダー理論の基本的な視座を先取りしていたとされている。ジェンダーとは,解剖学的な性差と,社会的・文化的なコンテクストに規定された性差とを区別し,両者の不連続性を提起する概念である(鎌田ほか 1999)。たとえば,男の子どもが「男の子っぽい」服装やキャラクターを好むのは,生物学的に男として生をうけたからではなく,何が「男らしい」と人々が承認しているかについての規範を学習し,それを演じるようになったことの結果である。こんなふうに,人が「女」や「男」になっていく過程には,社会的な環境が強く働きかけている。そして,「女らしさ」や「男らしさ」の社会規範が人為的に作りだされている以上,社会や文化が異なれば,規範のほうも変化せざるをえない。ひとつの社会で「男(女)は○○すべきだ」と信じられていることがらが,別の社会でも成り立つとは限らないし,その社会においても,環境の変化とともに移ろいゆく——そうした可変的な現実を示すことが,ジェンダー分析の重要な切り口である。

さらに,ジェンダーの観点にとって非常に大事なのが,男女両性間の非対称性である。集団や組織において,男性は権力や報酬が高く中心的な地位を,それに対して女性は周辺的で補助的な地位をあてがわれることが多い。学歴も男性に比べて女性のほうが低いことが多い。男性に対する女性のこのような従属的な立場を,生物学的性差を論拠として「自然」視する言説は,生物

学的決定論と呼ばれる。ジェンダーという視角は，この生物学的決定論を懐疑し，それへのアンチテーゼを模索する女性運動の問題意識から生みだされた（鎌田ほか 1999）。男女に割り当てられる仕事や労働の種類は，威信や収益などの労働の社会的評価と，男性優位主義の価値規範によって条件づけられている。

社会的に形成された性役割や慣習のなかで，現代社会においても多大な影響力を維持しているのが「男性は外で働き，女性は家庭を守る」という**性別分業規範**である。既婚女性のパート就労への釘付けに典型的に見られるように，家庭労働のウェイトが高まってくる中年期の女性は，妻や母としての役割に関するステレオタイプによって，低賃金でかつ不安定な職種へと吸収されている（鎌田ほか 1999）。また教育社会学の研究では，性別分業規範を女子が内面化した結果，男子よりも平均的に低い学歴に至りやすいことが実証的に示されている。

2. 進路選択のジェンダー構造

(1) 高等教育を受ける機会と男女間の格差

第Ⅰ部のイントロダクションでも紹介された進学率のデータを，男女別に集計し直したのが**図2-1**である（高校は省略）。大学進学率の動向には起伏があり，かならずしも単調に進学率が伸びてきたわけではない。一方，男女差はどの年度においても認められる。教育に関する統計データが整い始めた1950年代前半から今日に至るまで，女子の大学進学率は男子に比べて常に低く，大学教育を受けるチャンスについて，日本で男女の平等が実現したことは一度もない。以下では，歴史をさかのぼることによって，教育達成の男

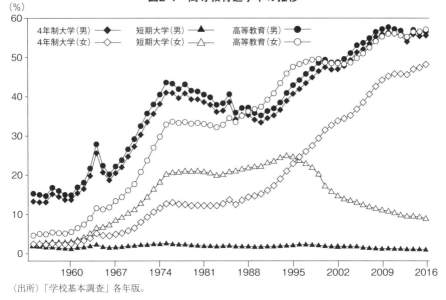

図2-1　高等教育進学率の推移

（出所）「学校基本調査」各年版。

女差の推移と，そこで働いていたメカニズムを詳しく見ていこう。

　戦後復興期（敗戦から1960年ごろまで）の女子の大学進学率は 3 ％未満ときわめて低い。男子も現在ほど誰もが上級学校に進む時代ではなかったが，それでも 6 ～ 7 人に 1 人は大学に進学していた。こうした男女の進学行動の差には，性別分業に関する当時の親の態度がかかわっていたとされている（尾嶋・近藤 2000）。1950年におこなわれた「人口問題に関する世論調査」によれば，女子に就かせたい職業として具体的な職種を挙げた回答者は18％にすぎず，全体の41％が職業には就かせないとしている（就職については第10章で詳細に議論されているので，そちらも参照）。そういう認識のもとでは，職業の世界に入っていくための「手形」としての学歴を女子に得させようとする親の意欲は芽生えてこない。実際，子どもが男子の場合は30％の人が「大学までは行かせたい」と答えているのに対して，女子では約半数が「高校まで」としており，「大学まで」という回答は 1 割にも満たない。何ごとにおいて

も娘よりも息子が優先される時代であり，そういう親の意識や期待を通して，男女の教育選択が強く方向づけられていたことが推察できる。

　1961年から75年の15年間は，高等教育進学率のトレンドをもとに時代区分が設定される場合，進学率が上昇する時期に対応している。日本経済の高度成長期とも重なる時代である。上昇期というくらいだから全体的な進学率が上向くのは当然の成り行きだが，女子と男子の進学機会の格差が縮小する気配はなく，男女差はむしろ広がっていった。このような動きを理解する上で重要なのが，大学を卒業した女子を待ち受けていた労働市場での差別的な処遇である。上昇期を通して，女子の大学入学者数は5倍近く増えたが，1970年代のデータでは卒業生のうち3割以上が無職者だった。また就業した場合でも，昇進につながるような仕事が得られる機会は，男子とは比較にならないくらい小さかった。こうした差別の存在を親もよく知っていたので，自身の老後や子どもの将来を考えた場合，限られた教育資源の投資先として，ますます男子の学歴が偏重されるようになった。

　教育達成の男女差の拡大以外にも，高度成長期にはジェンダーと高等教育との関係を考察する上で特徴的な変化が生じた。この時期に女子の短大進学率は16ポイントあまりも増加した。これは大学進学率の増加の1.65倍にあたる。短大への進学が高卒後の女子の中核的な進路として急成長を遂げたのには，それなりの理由がある。ひとつは，産業構造が転換し，仕事の内容が高度化していくなかで，補助的な事務労働をこなせる能力を身につけた女子への需要が増大したことが挙げられる。それと同時に，やはり増大していく大卒男子のホワイトカラー労働者の結婚相手として，ふさわしい教養を女子に授けるという機能が短大に期待されていたためである（原・盛山 1999）。

(2)　学校教育による性役割規範の伝達

　このように，大学進学機会の男女差は高度成長期に拡大し，並行して男子

が大学に，女子が短大に行くという，高等教育内部での進路の分化が明確化した。女子の教育機会の拡大に関して短大が担った役割は大きい。そしてまた，それに引けを取らないくらい，短大の拡大は人々の意識に大きな影響を与えた。短大在籍者の8〜9割が女子によって占められているという事実は，短大を「女子向き」の進路とみなす社会通念の形成に寄与した。そしてそれは「男は大学，女は短大」というかたちで性役割規範の内部に取り込まれ，進路選択における男女の分離を強化していくことになった。

ところで，性役割規範に沿うように男女の進路が分かれていくことに対して，学校教育はどのように関与しているのだろうか。それについては，教科書などの教材で提示される人物造形（固定的な男女観を描写した挿し絵，女性に関する歴史記述の極端な少なさなど）や，教職員の構成における男女比（担当学年や役職が上がるほど男性教師の割合が上昇する），集団統制のための便宜として使用される性別カテゴリ（名簿が男女で分かれていたり，男女別に整列させられたりなど）などが「潜在的なカリキュラム」として機能し，子どもに性役割について紋切り型の価値観を学習させていると批判されてきた。そうした日常経験にさらされることで，女子の志向は家庭役割へと向かい，地位達成への欲求が低下する。一方，学校で表向きに強調されるのは，生得的属性（性別を含む）を問わない業績重視の産業社会的な価値観（1章を参照）である。こういう対立的な価値観が拮抗（きっこう）する状況に身を置くことが，女子の進路分化構造において，成績本位で選抜される男子とは異なったメカニズムを確立させたとされている（天野 1988）。

中西祐子（1993）は大都市圏の高校生を対象とした調査をおこない，上記の点についてさらに考察を加えている。調査では高い学力レベルの女子校が抽出され，学校組織が伝達する知識と生徒の進路展望との関係が検討されている。進学校に通う生徒が対象なので，大学進学の希望率では学校差が出てこないが，学校によって伝えられる知識内容が職業的役割の遂行を奨励するものであれば，生徒は自分自身の職業達成を重視ないし希望するようになり，

対照的に学校が発信するメッセージが「妻役割」「母役割」を強調するようなものだと，生徒は結婚や家庭生活を重視ないし希望するようになるという顕著な差が確認されている。

　高校が，入学した生徒を学科や学力ランクに応じて，進路展望やパーソナリティの点で比較的同質的な集団へと社会化していく過程を，教育社会学では**トラッキング・システム**という（トラッキングの定義は第3章を参照）。生徒の進路分化を研究する際，トラッキング・システムは有効な枠組みを提供してきたが，同じ高校（トラック）に入学した男女が異なる進路を選択することを説明できないという点で限界もかかえていた。ジェンダー研究は，学校の内部に，客観的な基準に基づく業績主義的な選抜とは矛盾した配分過程（固定的な性役割に向けた男女の社会化）が存在することを明らかにした。

　中西（1993）は，高校が学力とは独立して，性役割規範に基づいて生徒の進路を分化させるトラッキング・システム——**ジェンダー・トラック**——を形成していることを描きだした。ジェンダー・トラックの概念によって，学力面では同等であっても，女性役割の伝達という面でどのような学校文化をもつ高校に入るかで，女子が掲げる人生の目標は質的に大きく異なってくるようすがとらえられている。学校はかならずしも性差の画一的な再生産がおこなわれている場ではなく，その学校が置かれている社会的文脈によっては，ステレオタイプ化された男女の役割を変革する可能性も秘めているといえる。

3. 高学歴化の時代
——世界と日本における性差の現状

(1) いま世界では何が起きているのか？

　1976年以降，90年代のはじめくらいまで，男子の大学進学率はゆるやかに

下降を続け，女子については13〜15％（短大を合わせた高等教育進学率は30％台前半）で推移した。進学率の上がり下がりをもとにした時代区分では停滞期と呼ばれる時期である。そして90年代に入ると少子化の影響もあり，大学進学率はふたたび上昇する。90年代に生じた大きな変化は，それまで高校卒業後の女子の進路として主流だった短大に代わり，大学が進学先として選択されるようになったことである。女子の高等教育が大衆化して以降，大学進学率がはじめて短大進学率よりも高くなったのが1996年である（**図2-1**参照）。現在では短大からの流出がさらに進み，大学在籍者の5人に2人が女子となっている。男女の進学率のあいだにはまだ10ポイント弱の絶対差が残されているが，大学に行くことが女子にとって珍しいとみなされていた時代はすでに遠い過去のものとなった。じつは，こうした現象は日本だけで生じているわけではない。進学行動におけるジェンダー関係をもっと深く検討していくために，この問題について国際的な文脈からアプローチしてみよう。

　OECD加盟国を中心とする世界のさまざまな国について，高等学歴の達成率を男女別に示したのが**図2-2**である。数値は2014年のデータであり，年齢は比較的若い層に限定されている。女子の割合が高い順に，左から右に国が並べられている。この図から読み取ることができる，もっとも明瞭な関係は，圧倒的に多くの国で，女子の高学歴者率が男子を大きくリードしているということである（□が◆よりも高い位置にある）。そのなかで日本は，それとは逆のパターン（男子のほうが女子よりも高等学歴の達成率がはっきりと高い）が見られる唯一の国となっている。このように，大学は男子以上に女子によってよく利用される教育機関となっているというのが，いまは世界のスタンダードである。事実，英語圏の教育社会学や比較教育学の論文では，教育達成のジェンダー差に関する動向が紹介される際，男女両性の位置関係が逆転したと要約されることが，最近では一般的となっている。

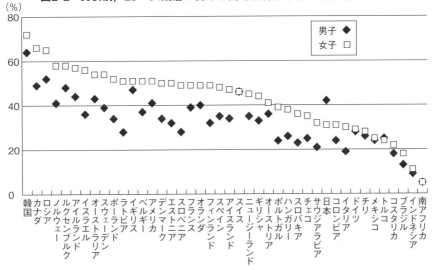

図2-2 男女別，25〜34歳層に占める高等教育修了者の割合（2014年）

（出所）*Education at a Glance 2015*, OECD, Chart A10.1

(2) トランジションの累積による格差の顕在化

　それでは，教育達成（高い学歴の取得）に関して女子のほうが有利となっている状況を，海外の研究者はどのように理解しているのだろうか。そこには，各国の労働市場の状況や教育制度の特徴などのほか，文化的な要素（男女平等主義的な規範の浸透など）も絡んでくるため，教育達成や進学をめぐる競争において，なぜ「女子有利」の状況が生じたかについて一般的な説明の枠組みを提示することは容易ではない。ここではアメリカをひとつの例として，ジェンダー差の逆転について見ていくことにし，比較の観点に立ったとき，いまだ女子の不利な状況が持続している日本の高等教育に関して，国際社会のなかで浮かび上がってくる特徴は何かを示したい。

　学歴の獲得について考察をおこなう際に，「大卒」のような証書がいきなり手に入るわけではないことに注意してほしい。大学を卒業するまでの筋道を解体してみれば，地元の公立中学に入学するか，それとも私立中学を受験

するか，どのような高校に進学するか……といった何段階かのステップを想定することができる。そして，学生生活の各段階で成功した（落第しない，入試に合格するなど）者だけが次の段階に進むことができるという意味で，それは一種の生き残りゲームの様相を呈している。教育社会学では，個人が教育のひとつの段階から次の段階へと移動することを**トランジション**と呼んでいるが，こういうトランジションの結果の積み上げによって，最終的な学歴は製造されるのである。

　ディプリとブッフマン（DiPrete & Buchmann 2013）によれば，大学卒業に至るまでのいくつかのトランジションに成功する確率に関して，アメリカでは女子が男子をリードしている。その最初の関門は高校卒業である。アメリカにはGeneral Educational Development（GED）という制度があり，このテストを受けて合格した者は，高校修了と同程度の学力を有していることが認定される。高卒程度以上の学歴の人々のうち，男子はGEDだけに合格したという者の割合が女子に比べて大きい。これは，男子は高校をドロップアウトする確率が女子よりも高いためである。一方で，大学入学の適性を示す免状としては，GEDは標準的な高校の卒業証書に比べて劣る。そのため，男女全体では大学入学率に10ポイントの差がある（女子＞男子）が，高校卒業者（GEDではない）に限定すれば，その差は5ポイントまで縮小する。こうして，高校卒業という，大学に入るためのもっとも標準的なコースからの脱落が，男子が大卒学位を得ることを難しくさせるひとつめの躓きの石となっているのである。

　高校を卒業した後のトランジションについて主要なものを挙げていくと，大学への入学（むろん大学に入らなければ卒業資格は得られない）のほか，入学する場合はできるだけ高卒からあいだを置かずに大学に入ること（その後のトランジションの成功率に影響を及ぼすとされている），大学を中退しないことや，標準的な年限で大学を卒業することなどがある。そして，これらのいずれについても女子の成功率が男子を凌駕しており（成績がよいことがその理由のひとつ），

各過程の確率を累積していけば，最後には無視できないほど女子の大卒割合が男子よりも大きくなるという傾向が導かれるのである（DiPrete & Buchmann 2013）。

　同様の現象が日本で生じないのは，男子のほうが高校や大学の卒業率が高いからでも，成績の分布の男女差がアメリカとは異なるからでもなく，高卒後の移行先として短大を選ぶ女子がいまでも少なくないからである（あるいは，男子がほとんど短大に行かないせいだと言ってもよいかもしれない）。日本の短大に相当する学校は諸外国にも存在し，UNESCOが策定している国際標準教育分類（2011年版）ではISCED 5というカテゴリに入れられている。ISCED 5には，大学（ISCED 6）よりも短い就学期間（2年程度）で専門的な職業スキルを獲得できるという特色がある。多くの国で進学率が上昇したことを受け，世界の階層研究者はISCED 5と6のあいだで格差が広がり，前者が不利な背景の生徒の受け皿になっているのではないかという仮説を提示し，検証を進めているが，性別をそこでの分岐と結びつけた議論はそれほど多くは見られない（Shavit & Gamoran eds. 2007）。

　日本では短大に進む女子が多い（かつては多かった）というのは誰でも知っていることだが，それが他の国ではあまり観察されない，日本に特徴的な現象だということまでは，かならずしも知られているとはいえない。自分たちが普段からかかわり，何気ない日常としてやりすごしている現実が，じつは特殊な事情をかかえているということに気づくためには，ものごとを対象化してとらえる視点が必要になってくる。そうした視点を獲得するための一助として，大学での勉強を役立てることができるだろう。

4. 理系・文系の選択とジェンダー

(1) 進学先の学部・学科の差異

　ここまでは，大学に行くか否かという，教育機会のいわば量的な側面におけるジェンダーの不平等を扱ってきた。最後に，女子と男子の教育機構の利用の仕方が質的にも異なっているようすを見ていくことにしよう。

　図2-3は，1980年（女子の大学進学率が上昇し始める少し前）から2015年までの，大学に進学した人の数，および進学先の学部・学科の変化を示している。女子の進学者がだんだん増えてきたことはすでに確認済みだ。ここで注目してほしいのは，大学教育の中身——学部・学科と性別との関係である。

　この図から読み取れることを，ざっくりとまとめると次のようになる。①女子では人文や教育に加え，近年の傾向として保健系の学部が，男子では工学

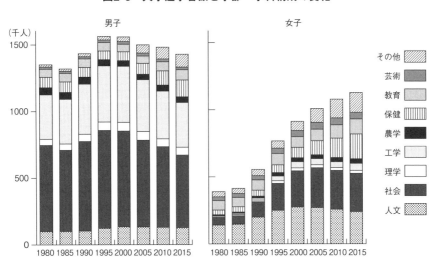

図2-3　大学進学者数と学部・学科構成の変化

(出所)「学校基本調査」各年版。

系や社会科学系の学部が進学先として選ばれることが多い。②文系学部（人文，芸術など）では女子が多数派を占め，それに対して（工学に理学や農学を加えた）理系学部では男子が多数派を占めるというジェンダーの偏りが，ここ30年くらいのあいだ大きく変わっていない。

　ここで指摘した2番目の点，つまり文系・理系の学部で一方の性が多く見られるという関係は，読者の皆さんも自分自身の体験をもとに実感できるかもしれない。

　では，こうした男女のアンバランスは，社会にどんな影響を与えているのだろうか。わかりやすいところでいえば，就職への影響を通して，労働市場において男女が就く仕事の種類に分断が生まれている状況を指摘することができる。大学でどんなことを学ぶかは，卒業した後でその人がどんな仕事に就くことができるかと関係する。技術職や研究職に就業するためには理系の学部を卒業したほうが有利だが，理系学部に行く女子が少ないため，結果的にそれらの職業に就く女性は男性に比べて，かなり少なくなっている。

(2)　なぜ女子は理系を選択しにくいのか？

　男女はどうして高等教育のレベルで，しばしば異なった学部を専攻するようになるのだろうか。本節では，性別との結びつきがとくに強い理系分野の選択を中心に検討する。国際的な学力調査の結果を見る限り，日本の高校生では数学や科学のテスト得点に関して，確率的な誤差程度の男女差しか生じていない（OECD 2010）。女子と男子は学力において，大学で理系分野に進む準備が等しく整っているといえる。一方，女子は男子よりも，理数科目に対してネガティブな態度を示しやすい（嫌いだったり，興味や関心がなかったり）とされる（村松編 2004）。こうした調査結果を踏まえれば，理系に進む女子が少ない理由の候補として，理数科目への関心の低さが関係していると予想することができる。

興味・関心以外の要因については，生徒と日々接している大人が影響を与えている可能性が考えられる。本人が数学や理科を好きだとしても，親に反対されてまで理系進路を選び取ろうとすれば，相当なエネルギーを必要とするはずだ。逆に，特定の科目にとりたてて興味がない場合でも，まわりの人の意見に流されて，なんとなく性典型的な分野に進学するということもあるかもしれない（河野 2014）。また，科学分野の職業にたずさわる成人のほとんどが男性で，女性の適切な役割モデル（社会における機会構造を認識するうえでの見本や手がかりとなるような同性の他者）が足りていないことも，女子の理系進学にとっては大きなマイナス材料である。

　理系に進む女子が少ないことは，女子の多くが文系に進学していることと表裏一体である。それについて，女子において文系が選択されやすい状況は，家庭を優先する女性役割の内面化によってもたらされているという指摘が存在する。女子の大学進学率が上昇しても，その内実は「女子向き」とされてきた人文，教育，家政などの学部への進学であることは，ジェンダー・トラックの作用によって説明可能だとされている（中西 1993）。

　学部・学科の選択に見られるジェンダーの差異は，日本以外の国の教育統計でも確認することができる。アメリカでは同一個人を長期間追跡した調査研究によって，女子は高校の時点で理系進学を計画していても，実際に理学や工学の学部に入学した生徒は 2 割ほどであったこと（男子は 5 割が計画通り理系に入学），理系学位取得までのメイン・ルートが男女で異なることなどが明らかにされている（Xie & Shauman 2005）。ただし，そういう男女の違いが何に起因するかも含め，理系への進学に関してなぜ性差が生じるかが十分解明されるには至っていない。そうした謎解きに挑む研究が国内外で登場することに期待したい。

5. 変わってきたジェンダーと教育の関係

 2章では，人々が教育を受ける機会をジェンダーという視点から検討した。教育達成の機会に性差があることは多くの資料によって確かめることができた。また，それについて日本と海外では，いくつかの重要な点で，ずいぶんとようすが違っていることもわかった。

 大学に進む女子の増加に象徴されるように，この国でも教育達成のジェンダー差について状況が大きく変わってきたことは紛れもない事実である。そうした変化は明らかに，男女平等の価値観が社会に浸透したことと関係している。「女性の活躍推進に関する世論調査」（2014年）では，1979年には72.6％の回答者が男女の役割分担（「男は仕事，女は家庭」）を肯定的にとらえていたが，2014年ではその割合は44.6％にまで低下している。2014年の調査で明確に「賛成」と回答したものは全体の12.5％にすぎない（1979年の数字では31.8％）。社会学者による調査の結果からも，教育の上で男女を区別するような規範が，若い世代を中心に崩れてきていることが示されている（尾嶋・近藤 2000）。

 海外では，女子の学歴取得に対するインセンティブ（進学の条件をプッシュ要因とプル要因に分けた際，後者に当たる要素）が数十年のあいだに様変わりしたことで，男女の進学行動が大きく変化したと論じられている（DiPrete & Buchmann 2013）。日本では，比較的若年の女性においても，継続的な就業が可能な仕事や職場は限られている（学歴の効果も不明確）とされ（西村 2014），ディプリらの説明をそのまま国内の現実に当てはめることはできない。もちろん，労働市場での利用だけが学歴の価値ではない。大卒のリターン（便益）がどのような側面で上昇し，女子の高学歴志向を刺激したかは，今後の研究によっていっそうの解明が待たれる問題である。

 一方，高等教育の段階で，女子は文系に，男子は理系に進学しやすいという傾向は，若年層の進路を観察したデータでも維持されていた。上述の性別

分業意識の弛緩(しかん)との矛盾が認められるが，性役割規範には比較的変化しやすいものと，変わりにくいものがあるということだろう。そうだとすれば，「男は仕事，女は家庭」という考え方が「当世風」ではなくなった後でも，「女らしさ」や「男らしさ」のステレオタイプによって，若い世代の人々の行為選択の幅が狭められているといえる。一方の性が特定の領域に高い関心をもてなかったり，他者から適切な支援が受けられなかったりすることにも，そうした性的ステレオタイプが影響していると推察される。ただし，今日「女子向き」とされている古典文学の学習は，19世紀のヨーロッパにおいては実用科目であり，当時の社会が女子に割り当てていた役割には不要な教育課程だと考えられていた。何が「女（男）らしい」かについての人々の常識は，社会状況の変動とともに大きく揺れ動いている。

WORK

❶ 本章の参考文献に挙げている鎌田ほか編（1999）等で紹介されているデータを参考に，言葉づかいや身だしなみ，勉強・進路などについて「女（男）だから，○○しなさい」と言われた経験をもつ人の割合はどれくらいかを確認しよう。図書館の社会学や教育学のコーナーで「ジェンダー」をキーワードに文献を探し，類似した調査結果やデータがないか探してみてもよい。その数値はあなたの日常感覚と比べて大きいだろうか，それとも小さいだろうか。さらに，男女ではどちらのほうが割合は大きいか，言われている内容に性別で違いがあるか，分析しよう。

❷ 昔のヨーロッパでは古典文学がなぜ「女子向き」ではなかったのか，どんな人が何のために勉強していたのか，本章での議論を参考に説明してみよう。また，「女がすること」「男がすること」にかかわる常識が，時代や国によって変わってきた例はほかにもないか，考えたり調べたりしてみよう。

〈参考文献〉

天野正子(1988)「『性(ジェンダー)と教育』研究の現代的課題——かくされた『領域』の持続」(『社会学評論』第39巻3号,266-283ページ)

尾嶋史章・近藤博之(2000)「教育達成のジェンダー構造」(盛山和夫編『日本の階層システム4 ジェンダー・市場・家族』東京大学出版会,27-46ページ)

鎌田とし子・矢澤澄子・木本喜美子(1999)「総論——ジェンダー研究の現段階」(鎌田・矢澤・木本編『講座社会学14 ジェンダー』東京大学出版会,1-29ページ)

河野銀子(2014)「高校における文理選択」(河野銀子・藤田由美子編『教育社会とジェンダー』学文社,107-122ページ)

中西祐子(1993)「ジェンダー・トラック——性役割観に基づく進路分化メカニズムに関する考察」(『教育社会学研究』第53集,131-154ページ)

西村純子(2014)『現代社会学ライブラリー15 子育てと仕事の社会学——女性の働きかたは変わったか』弘文堂

原純輔・盛山和夫(1999)『社会階層——豊かさの中の不平等』東京大学出版会

村松泰子編(2004)『理科離れしているのは誰か——全国中学生調査のジェンダー分析』日本評論社

Beauvoir, Simone de (1949=1959) *Le deuxième sexe*, Librairie Gallimard. (ボーヴォワール『第二の性』1〜5,生島遼一訳,新潮社)

DiPrete, T. A. and C. Buchmann (2013) *The Rise of Women: The Growing Gender Gap in Education and What It Means for American Schools*, Russell Sage Foundation.

Duru-Bellat, Marie (1990=1993) *L'école des filles: Quelle formation pour quels rôles sociaux?* L'Harmattan. (マリー・デュリュ・ベラ『娘の学校——性差の社会的再生産』中野知律訳,藤原書店)

OECD (2010) *PISA 2009 Results: What Students Know and Can Do: Student Performance in Reading, Mathematics and Science* (Volume I), OECD Publishing.

Shavit, Y., R. Arum and A. Gamoran eds. (2007) *Stratification in Higher Education: A Comparative Study*, Stanford University Press.

Xie, Y. and K. A. Shauman (2005) *Women in Science: Career Processes and Outcomes*, Harvard University Press.

第3章
高学歴社会における教育機会と費用負担

1. はじめに ——学校教育の拡大と教育機会

(1) 大学進学における社会経済的格差はなくなったか？

　戦後の期間を通じて，義務教育を終えた後，多くの者が高校さらには大学に進学し，長期にわたって学校に在籍するようになった。それでは，大学進学率が上昇すれば，誰もが大学に行くことができるようになったと言えるのだろうか。言い換えれば，大学教育を受ける機会において，家庭背景による格差はなくなったのだろうか。関連して，大学生の学生生活はどのように変化してきたのだろうか。

　本書をお読みの皆さんは，これらの問いにどう反応するだろうか。1章にある通り，半数もの人たちが大学に行く状況では，行きたいと思えば誰でも大学に行けるはずであり，格差はないと思うかもしれない。一方で，経済的困難などをかかえたことのある人は，機会が平等には与えられていないと考えるかもしれないし，逆に，本人の意欲さえあればなんとかなるはずだと感じるかもしれない。本章は，このような「大学生になる」ということ自体を扱う。これは大学生にとって，もっとも身近な問題であるため対象化して考えるのが難しい面もあるが，この検討を通して，教育を社会学的な観点から

考えることを実践してみたい。

(2) 学校教育の拡大

　上級学校への進学率の上昇は教育拡大とも言われるが，トロウ(1976)は，拡大した高等教育に生じるさまざまな問題を統一した観点から理解する枠組みとして，発展段階論を提示した。高等教育の発展段階を同年齢層の進学率をもとに区分したもので，**エリート段階**（進学率が15％までの段階），**マス段階**（同15～50％），**ユニバーサル段階**（同50％以上）の三つが設定されている。これらの段階を移行するにともない，高等教育の社会的機能，カリキュラム，学生の特徴など，あらゆる側面で質的な変化が生じ，進学もエリート段階では特権とみなされるのに対し，マス段階では権利，ユニバーサル段階に至っては義務になるという。

　この基準でみれば，日本の大学がエリート段階にあったのは半世紀以上前のことであり（男性の大学進学率が安定して15％以上となるのは1961年以降），「大学生になる」ことが珍しくなくなっていくのは，なにも最近に始まったことではない。増加する大学生はその時々の関心を集め，大学生に関する調査研究や論評は膨大な数にのぼる。新堀通也(1985)は，それらに共通する傾向として「それをダメ論とでも名づけることができるのではないか。今日の大学生はダメだという一種の貶価的，軽蔑的，絶望的あるいは嘲笑的な論調が研究にせよ論評にせよ支配的ではないか」（新堀 1985, p.7）と述べている。この指摘は2017年現在から見て30年以上も前のものだが，親子の年齢差がおよそ30歳だとすれば，現在の大学生の親世代が学生だったころでも「ダメ論」が優勢だったということがわかる。「ダメ論」には個人の経験や印象も多分に含まれるだろうが，大学と学生が現実にどう変わったのかを明らかにするためには，客観的観点から吟味しなければならないだろう。

2. 高学歴社会における教育機会の格差

(1) 家庭の経済状態による高等教育機会の趨勢(すうせい)

　教育が拡大するなかで，その機会は人々にどのように配分されたのか。この問題が古くから問い続けられてきたのは，近代社会では，誰がどのような職業や社会的地位につくかに関して，身分や家柄などの属性要因ではなく，個人の業績に基づいて選抜すること（メリトクラシー）をその理念としており，すべての人が能力に応じて教育を受ける機会を与えられているかどうかは，社会の開放性にかかわる，きわめて重要な要素だからである(1)（第1章および第10章も参照）。ここでは，家庭の所得水準による大学進学の格差がどのように変化してきたのかをデータから確認してみよう。

　図3-1は家庭の所得階層別の大学在学率を示している(2)。ここでⅠからⅤの各グループは，家庭の所得が低い者から高い者を順に並べ，各グループの人数が均等になるように五つに分けたとき，もっとも所得の低い5分の1の

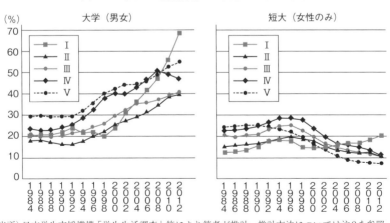

図3-1　家庭の所得階層別の大学・短大在学率

（出所）日本学生支援機構「学生生活調査」等により筆者が推計。推計方法については注2を参照。

人から構成されるグループをⅠ，その次に低い5分の1をⅡと順に区分して，もっとも所得の高い5分の1をⅤとしたものである。その上で，各所得階層の何％が大学に在学しているかを推計した結果である。

　大学は全体の在学率が上がりつつも，家庭の所得階層間の格差が存在してきた。事実，第Ⅴ分位は在学率が一貫して高く，大学進学率が上昇し始めた1990年代前半には，その伸びが大きく格差拡大が見られる（近藤 2001）。他方，1990年代後半以降は経済が低迷した時期であったにもかかわらず，低所得層においても在学率が上昇傾向にある点は興味深い（古田 2006）。もっとも，ここ数年は所得の低い第Ⅰ分位の在学率が突出しており，これが現実の動きを反映しているかどうかは判断を保留せざるをえない。(3)とはいえ第Ⅱ分位の在学率が低いなど，所得水準による格差が観察される。

　また，短期大学について同様の推計をおこなうと（女性のみ表示），1992年以降，高所得層の第Ⅴ分位の在学率が他の所得層に先駆けて低下している。女性の短大進学率が大学進学率を下回るのは1996年以降だが（短大の特徴を含め，女性の進学動向については第2章を参照），費用負担面で余裕のある層から，いち早く4年制大学進学に転換したと見られる。

　このように個人の進学行動を集計してみれば，大学進学率は上昇する一方で，家庭の経済状態による格差はなくなっていないことが明らかとなる。これは日本社会特有の傾向ではなく，各国でも教育が拡大したにもかかわらず出身階層間の格差が持続していることが報告され，この問題がくり返し検討されている（Shavit & Blossfeld eds. 1993など）。近年では格差縮小を報告する結果もあるが（近藤・古田 2011），大幅な平等化が進んだとは言えず，高学歴社会においても**教育機会の不平等**は依然として重要な問題なのである。

(2) 家庭背景による格差のメカニズム

　続いて，家庭背景によって格差が生じるメカニズムを考えよう。これが重

要なのは，格差縮小のためのなんらかの政策を実施するとしても，メカニズムを把握することなく有効な対策を立てることはできないからである。ここでは主に経済的要因に関する議論を整理する。

ベッカー（Becker 1975=1976）に代表される**人的資本理論**においては，教育が投資的側面をもつことを重視する。いま，高校卒業後の進路選択に直面している高校生がいるとしよう。彼／彼女が大学卒業後に就職すれば，大学教育によって知識・技能を得て生産性を向上させるために，高校を出てすぐに働く場合よりも将来の賃金が高くなるだろう。しかし，大学に行くには授業料などの直接費用がかかるだけでなく，仮に進学しないで働いた場合に得られるであろう賃金を得られないことになる。これは**放棄所得**と呼ばれる間接費用だが，この高校生はこれらの費用と便益（卒業後の賃金の増分）を比較して進路を決めると想定される。ここで，費用負担能力は家庭の経済状態に依存するので，経済的に豊かなほど進学が促進され，逆に低所得であれば，資金面の制約により進学可能性が低くなるだろう。

他方，メイヤー（Mayer 1997）は上記の「投資モデル」に対し，「**よい親理論(good-parent theory)**」という枠組みを示す。この理論は，低所得であることが「よい親」になることを妨げるとするもので，親子関係や相互作用の質を重視する。主な仮説のひとつは親のストレスによる説明である。低所得であることは親自身のストレスを増大させ，ストレスから親が十分な子育てができないために，子どもの発達にマイナスの影響を与えるとする。もうひとつは，低所得層の親の価値や規範あるいは行動が，中間階級的な意味での成功（たとえば大学に進学し専門職に就くこと）にとっての障害になるという仮説である。たとえば，子どもが教育に無関心な親を役割モデルとすることで，子ども自身も学業に価値を見いだしにくくなり，学校教育においても失敗する。これらは長期にわたる家庭環境の影響を重視する説明であり，出身家庭の文化的環境や価値観と，学校や教師のそれらとの親和性に注目する理論との重複も多い（第1章を参照）。いずれにしても，教育費負担能力だけでなく，家

庭背景が複数の経路を通して子どもの教育達成に影響するのである。

これらに加え，日本の教育制度のしくみを前提に，学歴取得過程における格差を吟味することも重要である。とくに高校生の進路選択においては，生徒がどの高校に在籍しているかによって進路が大きく異なる。この高校間格差はトラッキングと呼ばれ，「複線型学校システムのように法制的に生徒の進路を限定するということはないにしても，実質的にはどのコース（学校）に入るかによってその後の進路選択の機会と範囲が限定されること」（藤田 1980, p. 118）と定義されている。高校入試によって学力などの特徴が似た生徒が集まった結果，大学入学後に振り返ってみれば，大学進学しなかった同級生は周囲にあまりいなかった，という印象をもつ人も多いだろう。

このように，格差が生じる過程は複合的なのだが，家庭背景による学力差が存在するために，出身階層によって進学先の高校が異なり，大学進学に影響するというプロセスがある。他方で，学力が同じくらいでも家庭背景によって大学進学率が異なることもよく知られている。なお，この点に関する最近の研究では，この二つが同程度の影響力をもつとされている（藤原 2015）。

3. 高学歴社会における教育費負担の問題

(1) 授業料の高騰と「親負担主義」

格差のメカニズムは複雑だが，本節では教育費負担の側面に焦点をあてる。それは，国の財政難を背景として，進学者の増加が大学教育費用の上昇をもたらす一方，「大学（生）が多すぎる」との意見から，手厚い支援に対する支持が得にくくなり，誰が費用を負担するべきかという問題が顕在化しているからである。教育費のことなど考えたこともない大学生も多いかもしれない

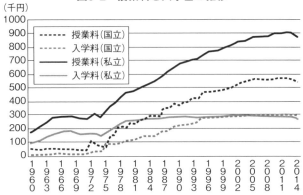

図3-2 授業料と入学金の推移

（出所）文部科学省「国公私立大学の授業料等の推移」(http://www.mext.go.jp/a_menu/koutou/shinkou/07021403/__icsFiles/afieldfile/2015/12/25/1365662_03.pdf 2017年4月30日取得)、広島大学高等教育研究開発センター「高等教育統計データ集」(http://rihe.hiroshima-u.ac.jp/center-data/statistics/ 2017年4月30日取得) および日本教育年鑑刊行委員会編『日本教育年鑑』各年度版。金額は消費者物価指数の総合指数（2015年基準）により実質化した。

が，これは学生時代だけでなく，卒業後の生活にも大きく関係する問題なのである。

　教育費は**公教育費**と**私教育費**に区分でき，前者は国や地方公共団体，後者は保護者や教育を受ける者によって支出される教育費である。諸外国に比べ，日本の公教育費の割合が少ないことは指摘され続けてきたが，石井拓児（2012）はさらに，政府統計の「公教育費」には授業料などの「私教育費」が相当に含まれているという問題点を具体的に明らかにしている。

　個人から見れば，間接費用である放棄所得も含まれるが，大学進学に必要な授業料や入学金が直接の関心事となるだろう。**図3-2**は授業料と入学金の推移を設置者（国立・私立）別に示している[(4)]。まず，授業料が上昇し続けてきたことが一目瞭然である。次に，かつては国立と私立のあいだでかなりの価格差があり，1960年代後半から70年代のはじめには私立が国立の6倍から7倍以上の授業料を課していたのだが，最近では1.6倍程度に縮小している。これは私立と国立の格差が問題視され，その是正のために国立の授業料を上

昇させたことによる。さらに、入学金も以前は設置者間の差が顕著であったが、近年は両者とも約30万円程度と、ほとんど差がみられない。このように国立と私立の差は小さくなったのだが、それは国立の大幅な値上げによるものであり、全体的に授業料が高騰しているのである。こうした授業料上昇の背後には、一般に学生一人あたりの教育コストが上昇しているという事情もあるという (Johnstone & Marcucci 2010)。

終戦直後からの新聞記事の推移を追った中澤渉 (2014) は、1960年代から70年代のはじめには大学生による授業料値上げ反対運動も起こったのだが、80年代以降の継続的な値上げは社会問題化することなく、仕方のないものとして受けとめられたと指摘している。そして、実際に負担を受けとめてきたのは親である。矢野眞和 (2011) は、私費負担が多く、かつ親によって担われている状況を指して「**親負担主義**」と呼ぶが、[5]日本は授業料の高い私立によって大学の大衆化が進められた経緯もあり、私費負担はかなり大きいのである。さらに、低所得層では家計所得の割に子どもに多く給付する「無理する家計」が存在することも明らかにされている (小林 2008)。一方で、社会のなかに大学が過剰だという認識があり、また家計が支出する教育費は各個人の自由と選択によるものと位置づけられたため、負担軽減をはかる政策が実施されてこなかった (末冨 2010)。

しかし、近年は家庭の経済状態の悪化により、親の負担に限界がきているとの見方も強く、「親負担主義」に変化が生じていることも見逃せない。この点は現在の学生生活と密接にかかわっており、「大学生になる」ことを支える費用負担のしくみが大きく変貌しているのである。過去の大学生との比較を視野に入れて、拡大した高等教育の費用負担状況を具体的に検討しよう。

(2) 「奨学金」による私費負担の増加

まず、大学生の収入構成を見よう (**図3-3**)。年間収入全体 (家族が支払った

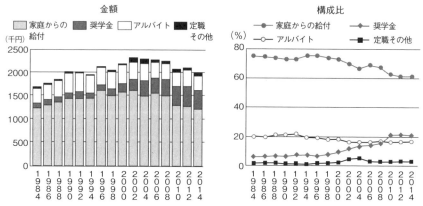

図3-3 大学生の収入構成

(出所)日本学生支援機構「学生生活調査」各年度版より作成。

授業料等を含む)では，2002年をピークに低下している。なかでも金額の減少が大きいのは「家庭からの給付」であり，2014年は30年前の水準よりも低くなっている(全体に占める割合も約75％から60％に減少)。対照的に1990年代後半以降，奨学金受給額が急上昇し，2014年では約40万円で，収入全体の2割を占めるに至る。これは全体の平均額であり，奨学金利用者に限定すれば金額はもっと高額となるので，奨学金が学生生活の維持に不可欠になっている。

　このことは実際の貸与率からも明らかである。かつては奨学金制度に対する人々の関心は低く，金額も少ないので，学生もあてにしていない「少額金」だったとされる(潮木 1978, pp.118-122)。しかし，現在ではあてにしている大学生も多いはずであり，その大半は日本学生支援機構の貸与奨学金であろう。**図3-4**の**A**は，日本学生支援機構およびその前身である日本育英会の奨学金貸与率の推移である。日本育英会に有利子の第二種奨学金が組み込まれた1984年当時は，無利子の第一種奨学金が中心であり，両者を合わせても全体の貸与率は10％強と低かった。さらにその後，貸与率が次第に低下し，全体で15％を超えることはなかった。しかし，1999年に「きぼう21プラ

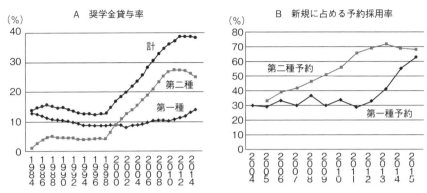

図3-4　奨学金貸与状況の推移（大学）

（出所）『日本育英会年報』および『JASSO年報』各年度版より作成。

ン」として第二種奨学金が大幅に拡充され，それ以降，第二種の受給者が急増した結果，現時点では第二種が圧倒的に多い（最近では第一種が若干増加している）。ただし，日本のように返済が必要なものは，国際的には「学生ローン（student loan）」と言うのが一般的である。[6]

　日本学生支援機構以外の奨学金を合わせれば，現在ではおよそ半数がなんらかの奨学金を利用していると見られ，少なくない部分の学生が「親負担主義」の枠組みではとらえられない。世界各国では財政難のため，高等教育の費用を政府や納税者がもっぱら負担する状態から，親や学生が分担することを求めており，公費から私費への移転が進められている（Johnstone & Marcucci 2010）。これとは対照的に，日本はすでに私費負担が過重であるにもかかわらず，従来の親負担を，「奨学金」という将来の借金によって学生自身に移行させる形での分担が進んでいる。

　もっとも，奨学金が拡充されればかならず受給希望者の増加につながるわけでなく，これほどに増加した背景も重要である。経済不況による家計の悪化と，高校卒業後の安定した就職が困難になったことがまず挙げられる。それだけでなく，進学前に貸与が決定される「予約採用」の増加も注目に値する。なぜなら，高校在学中に教師の指導によって申請手続きがおこなわれ，

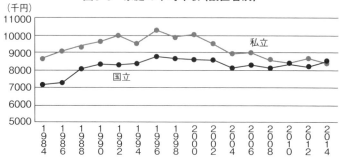

図3-5 家庭の平均年収（設置者別）

（出所）日本学生支援機構「学生生活調査」各年度版より作成。

貸与が決定されればスムーズな移行が可能となるからである。実際，新規採用者のうち予約採用率が上昇しており，その増加は第二種が第一種に先駆けている（**図3-4, B**）。高校の進路指導を通して情報提供がなされることによって，多くの生徒が奨学金にアクセスしやすくなった可能性がある。一方，学校の進路指導に馴染みにくかったり，親や生徒が申請手続きに不慣れであれば，奨学金を必要とする層に行き渡らないという懸念もある。

このような奨学金受給者の増加に対し，たとえば「お金がなければ国立に行けばよい」などの意見も聞かれる。しかし，国私間の授業料差は継続的に縮小しており，国立の学費も低額ではない（**図3-2**）。そうした意見の背後には，私立には豊かな階層の子どもが集中しているというイメージがあるだろう。たしかに，かつては私立大学生のほうが家庭の平均年収が高かったけれども，1990年代中盤から私立大学生の親の年収は低下し続け，現在では国立とほとんど変わらない（**図3-5**）。これは国立大学の規模が制限される一方で，私学の拡大が高等教育機会を提供してきたため，とくに近年は，私立大学も家庭所得の低い層を奨学金受給によって受け入れているからである（古田 2006）。

また，多くの者が進学する状況では，「そもそも大学に行く必要はあるか」との疑問が呈されることもある。しかし，大学進学がよい職業を保障するわけでなくても，高卒就職の悪化などにより，進学しないデメリットが大きく

なれば，進学が相対的に望ましい選択肢となる。そして，この局面ではトロウ（1976）のいう「義務」の側面が強くなるだろう。教育拡大ゆえに財政負担が増大するとともに，エリート段階では国や社会に不可欠な人材養成機能を有しているとみなされた大学は，マス・ユニバーサル段階では私的便益のための進学先とみなされ，**受益者負担論**が高まる（市川2000）。こうしたなか，誰がどのように費用を負担するかが重要な争点となっているのである。

(3) 奨学金制度の動向と課題

　以上のように，高等教育進学における「奨学金」の規模とその役割がかつてなく大きいだけに，最近では奨学金受給者の困難な状況がメディア上でも紹介されるとともに，有利子の第二種が制度の中心であること，返済制度の不備や回収強化に対する批判が集中している（大内2017）。実際，返済額は膨大になる可能性があるので（たとえば月額8万円を4年間借りれば，卒業時には元金だけでも384万円となる），海外でも懸念されたように，この借金を回避するために結局は進学自体をあきらめてしまうかもしれない（小林2008）。そうした事態は，進学資金面に制約のある低所得層ほど起きやすいことは容易に予想でき，教育の機会均等を脅かす問題である。また，貸与制のみなのは世界でも例外的であるため，給付型奨学金を求める声が強くなり，2017年度（本格実施は2018年度）から，限られたごく一部ではあるが導入が始まっている。

　ただし，奨学金制度には課題や限界があることも認識しなければならない。第一に，奨学金によって直接費用が軽減されるとしても，家族を養う必要があるなどの理由で放棄所得が大きければ，進学は選択されにくい。第二に，格差の原因を費用負担能力の違いのみに帰すことはできない。たしかに日本では親が学費を負担すべきとの意識が強く，費用負担能力が重要であることに間違いはない。しかし，第2節で述べたようにそれに還元されない側面もある。奨学金の情報に接するはるか前に，学業面の困難や大学進学への否定

的態度が形成されていれば，奨学金の効果は限定的なものとならざるをえない。第三に，奨学金を必要とする層がアクセスしやすいしくみを設計することも重要である。制度が複雑で申請手続きも煩雑でわかりにくければ，結果的に高等教育の制度に疎い層（それには親の大学進学経験も大きく関係するはずである）ほど，奨学金の必要性が高いにもかかわらず利用できないかもしれない。

　さらに給付型奨学金の導入にもかかわって，誰に支給するのかがいっそう重要な論点となる。一般に，その配分基準には「育英」と「奨学」があり，前者は国や社会にとって有用な人材の育成を目的に，優秀な学生に配分するのに対し，後者は必要性基準に基づくもので，教育機会の均等を目的とする。これらの基準から見ても，2017年度から始まった「給付奨学金」（設置者・通学形態により月額2～4万円）は，相当に制限されたものであることに加え（①家計基準は「住民税非課税世帯」か「社会的養護を必要とする人」であり，かつ相当にハードルが高い，②学力・資質基準および③人物・健康基準が設定されている），高校からの「推薦」が必要となっている。加えて，例外的な給付型の導入により制度が整備されたように見えれば，かえって格差の原因を個人の能力や努力の不足に求める見方が強まる懸念もある。しかし，教育機会の格差は複合的かつ長期的過程のなかで生じるものである。したがって，期待は大きいとはいえ，奨学金がすべての問題を解決するわけではないことも覚えておく必要がある。

4.　おわりに

　以上のように，「大学生になる」ことを社会との関係でみれば，教育費を誰がどのように負担するか，教育機会は均等化したか，などの問題につなが

っていることが理解できる。そして，これまでの議論からも明らかなように，どのような境遇のもとに生まれるかによって教育を受ける機会に格差が存在し，過重な負担を強いられることは不平等と言わざるをえない。これらの状況は社会のあり方と密接に関係しつつ，実態が変化している側面もあるので，日々更新される状況を明らかにし，その対応を考えることが求められている。

奨学金制度については，給付型あるいは，返済が卒業後の所得に依存する所得連動返還型の検討や導入が進められている。今後の動きは自分自身の大学生活には関係ないと思われるかもしれないが，多くの人が将来直面する奨学金返済のしくみには少なくとも注視していく必要があるし，なんらかの困難におちいった際の対応を十分に知っておくことはとても重要だといえる。

WORK

❶ 大学生活にかかるコストを削減したり収入を増やしたりするために，奨学金を受給する以外にどのような方法があるだろうか。また，その方法を実行する大学生は，以前に比べて増えた（減った）だろうか。本章で用いた「学生生活調査」などの資料から確かめてみよう。なお，2004年度以降の「学生生活調査」は日本学生支援機構のウェブサイトで閲覧できる。また，2002年以前の結果は『大学と学生』（現在は廃刊）という雑誌に掲載されている。

❷ 現在の日本の奨学金制度のメリットとデメリットを整理してみよう。また，卒業後に返済が困難になった場合，どのような対応が可能だろうか。奨学金制度について具体的に調べた上で，その対策を考えてみよう。

〈注〉
（1）ただし，「教育の機会均等」概念は，「能力」とは何か，「自由」と「平等」のどちらの理念をより重視するのか，すべての人が等しくアクセスできるかどうかを問う「形式的平等」か，結果も

含めた「実質的平等」を重視するのか，といった論点を含む，多義的な概念である（岡田 2013）。
(2) 日本学生支援機構（2002年度までは文部科学省）により隔年で実施されている「学生生活調査」の集計データ（大学・昼間部）を用いた。近藤（2001）の方法により，各年度の在学率を推計したのち，3年幅の移動平均を求めた。
(3) 年収200万円未満の層の大学生が増加したこと，および第Ⅰ分位の高齢層が急増したため，分母となる大学生の親世代の割合が縮小したことなどが関係している。
(4) 公立は授業料が国立に近いので除外した。授業料，入学金の他にも入学前には受験料，入学後には書籍代や通学費などがかかる。また私立大学では「施設整備費」もあるので，直接費用のすべてを反映しているわけではない。
(5) 大学入学者の「18歳主義」，入学者の修了率が世界各国に比して高い「卒業主義」をあわせた三つを日本の大学の特質として挙げている。
(6) 日本を含めた各国の制度の詳細は小林編著（2012）の各章が参考になる。
(7) 日本学生支援機構は，利用者から回収された奨学金を次世代の奨学金に回すことから「返済」ではなく「返還」と表現しているという（日本学生支援機構 2014, p.191）。

〈参考文献〉
石井拓児（2012）「教育における公費・私費概念――その日本的特質」（世取山洋介・福祉国家構想研究会編『公教育の無償性を実現する――教育財政法の再構築』大月書店）
市川昭午（2000）『高等教育の変貌と財政』玉川大学出版部
大内裕和（2017）『奨学金が日本を滅ぼす』朝日新聞出版
岡田昭人（2013）『教育の機会均等』学文社
小林雅之（2008）『進学格差――深刻化する教育費負担』筑摩書房
─────編著（2012）『教育機会均等への挑戦――授業料と奨学金の8カ国比較』東信堂
近藤博之（2001）「高度成長期以降の大学教育機会――家庭の経済状態からみた趨勢」（『大阪大学教育学年報』第6号，1-11ページ）
近藤博之・古田和久（2011）「教育達成における階層差の長期趨勢」（石田浩・近藤博之・中尾啓子編『現代の階層社会2 階層と移動の構造』東京大学出版会）
潮木守一（1978）『学歴社会の転換』東京大学出版会
新堀通也（1985）「概説 大学生――ダメ論をこえて」（新堀通也編『現代のエスプリ213 大学生』至文社，5-18ページ）
末冨芳（2010）『教育費の政治経済学』勁草書房
トロウ，マーチン（1976）『高学歴社会の大学――エリートからマスへ』天野郁夫・喜多村和之訳，東京大学出版会
中澤渉（2014）『なぜ日本の公教育費は少ないのか――教育の公的役割を問いなおす』勁草書房
日本学生支援機構（2014）『日本学生支援機構10年史――育英奨学事業70年の軌跡』独立行政法人日本学生支援機構
藤田英典（1980）「進路選択のメカニズム」（山村健・天野郁夫編『青年期の進路選択――高学歴時代の自立の条件』有斐閣）
藤原翔（2015）「進学率の上昇は進路希望の社会経済的格差を縮小させたのか――2002年と2012年の比較分析」（中澤渉・藤原翔編『格差社会の中の高校生――家族・学校・進路選択』勁草書房）
古田和久（2006）「奨学金政策と大学教育機会の動向」（『教育学研究』第73巻第3号，207-217ページ）
矢野眞和（2011）『「習慣病」になったニッポンの大学――18歳主義・卒業主義・親負担主義からの解放』日本図書センター

Becker, Gary. S. (1975=1976), *Human Capital: A Theoretical and Empirical Analysis, with Special Reference to Education Second Edition*, Columbia University Press.（ゲーリー・ベッカー『人的資本――教育を中心とした理論的・経験的分析』佐野陽子訳，東洋経済新報社）

Johnstone, D. B. and P. N. Marcucci (2010), *Financing Higher Education: Who Pays? Who Should Pay?*, The Johns Hopkins University Press.

Mayer, Susan E. (1997) *What Money Can't Buy: Family Income and Children's Life Chances*, Harvard University Press.

Shavit, Y. and H. P. Blossfeld eds. (1993), *Persistent Inequality: Changing Educational Attainment in Thirteen Countries*, Westview Press.

第Ⅱ部

「学校に通う」ことは当たり前か？

INTRODUCTION

　2016年，不登校をめぐって二つの動きがあったことをご存知だろうか。ひとつは「教育機会確保法」（正式名称「義務教育の段階における普通教育に相当する教育の機会の確保等に関する法律」）の成立であり，もうひとつは不登校の児童生徒の欠席日数に関する新しい調査項目の公表である。

　「教育機会確保法」は2016年12月7日に参院本会議で可決・成立した法案であり，不登校の児童生徒や義務教育を十分に受けられていない人たちに対して，年齢や国籍を問わず教育機会を提供することを謳（うた）っている。さらにはフリースクールなど学校以外の場所での学びの公認，夜間中学校などでの学習の措置が盛り込まれている。不登校の児童生徒への支援が法律で明記されたことは特筆すべきであるものの，報道をみる限り，不登校・フリースクール関係者からは一定の評価の声があがる一方，当初案からの大幅な変更もあってか，反対意見や慎重論も出されている。同法案には，施行後3年以内に施行状況を踏まえた検討がなされることが盛り込まれており，今後も議論を積み重ねていく必要があるだろう。

　同じ年の10月に文部科学省は，平成27年度「児童生徒の問題行動等生徒指導上の諸問題に関する調査」（速報値）を公表した。そのなかで，従来の不登校児童生徒数（年間30日以上欠席した児童生徒のうち，その理由が「不登校」である児童生徒）に加え，「90日以上欠席している者」，「出席日数が10日以下の者」，「出席日数が0日の者」の人数を公表した。その要約が**表Ⅱ**である（表中のパーセンテージは不登校全体を母数とした割合）。小学校・中学校の年間の授業日数が200日前後であることを踏まえると，「欠席日数90日以上」は年間の

表Ⅱ 不登校児童生徒数と出欠席日数

	不登校 全体	欠席日数 90日以上	出席日数 10日以下	出席日数 0日
小学校	27,581人	12,404人 45.0%	1,882人 6.8%	683人 2.5%
中学校	98,428人	59,920人 60.9%	11,382人 11.6%	3,719人 3.8%

(出所) 文部科学省「平成27年度 児童生徒の問題行動等生徒指導上の諸問題に関する調査」(速報値)。

半分近く学校に行っていないということになり、小学校では不登校児童の45％が、中学校では不登校生徒のおよそ60％が該当する。さらに、ほとんど学校に通っていない状態（不登校関係者のあいだでは「無登校」という言葉が使われることがある）である「出席日数10日以下」をみると、不登校児童生徒の1割前後が該当している。皆さんはこの数値をどのように見るだろうか。ちなみに2016年は文部科学省（旧文部省）が「学校基本調査」で不登校児童生徒数（当初は「学校ぎらい」）の調査を始めてから50年という年でもある。

「教育機会確保法」の可決と、不登校の欠席日数の公表。これら二つの動きが提起するのは、不登校児童生徒の学習権や、フリースクールなどの学校外での学びを今後どのように考えていくのかという問題だけでない。「学校に通う」ことを、あらためて問い直すことが求められているのかもしれない。私たちは「学校に通う」ことを「当たり前」とみなしてこなかっただろうか。

第Ⅱ部では、「学校に『行っていない』子どもたち」、「貧困世帯の子どもたち」、「学校の外で学ぶ子どもたち」について考えてみたい。第4章では、戦後を通じて、学校に「行っていない」子どもたちはどのように理解されてきたのか、長期欠席を切り口に検討してみたい。続く5章では、子どもの貧困に注目が集まっている近年、生活保護世帯の子どもたちがどのような学校生活を経験しているのか、その実態に迫る。そして第6章では、不登校経験

者を積極的に受け入れている義務教育後の学校での学びを紹介する。

　以上の三つの章を通して，私たちが自身の経験から，つい当たり前と考えてしまう「学校に通うこと」を問い直すヒントを提供したいと思う。学校「だけ」で学ぶという社会は，決して当たり前でもないし，不変のものでもない。こうした社会は，これからどのように変化するのだろうか。（片山悠樹）

各章キーワード
　　第4章　長期欠席，「休まず学校に行く社会」，学校から職業への移行
　　第5章　子どもの貧困，家庭生活，ひとり親世帯
　　第6章　教育支援センター，フリースクール，サポート校

第4章

学校に「行っていない」子どもたち

1. 学校に「行っていない」理由?

　次のような新聞記事を目にしたことはないだろうか。毎年8月になると「学校基本調査」の速報値が公表されるが,そのタイミングで全国紙や地方紙で,不登校児童生徒数の状況が記事になる(ただし2016年度からは「児童生徒の問題行動等生徒指導上の諸問題に関する調査」結果にて不登校児童生徒数を公表)。

> **小学生の不登校,最高に　14年度,全児童の0.39%　文科省調査**
> 　文部科学省は6日,学校基本調査(2015年度)の速報値を発表した。14年度中の不登校の小学生と中学生は計12万2655人。いずれも2年連続で増加した。
> 　不登校の子どもは,小学生が2万5866人(前年度比1691人増)で,全体の0.39%(前年度比0.03ポイント増)。比較できる統計をとり始めた1991年度以降で最高だった。中学生は,9万6789人(1608人増)で,全体の2.76%(0.07ポイント増)だった。
> 　30日以上学校を休んでいる児童・生徒は,小学生が5万7858人,中学生は12万6847人。いずれも理由は「不登校」が最多。次いで「病気」だった。

> 　文科省は不登校が増えた理由について,「学校に行くことに対する家庭の意識の変化や,無気力な子の増加」をあげる。ただ,特に中学生の不登校の割合は07年度をピークに5年連続で減った後,増加に転じた。この2年間で増えた理由について「きちんとした分析が必要だ」という。
> 　　　　　　　　　　　　　　（「朝日新聞」2015年8月7日付朝刊）

　この記事を読むと,30日以上学校を休んだ児童生徒の理由として「不登校」がもっとも多く,次に「病気」とある。たとえば『平成21年度　学校基本調査の手引き』をみると,30日以上欠席した(これを「長期欠席」という)理由として次の四つが設けられており,理由として「不登校」がもっとも多いというのだ。

- 「病気」＝本人の心身の故障等(けがを含む)により,入院,通院,自宅療養のため
- 「経済的理由」＝家計が苦しくて教育費が出せないとか,児童生徒が働いて家計を助けなければならない等の理由
- 「不登校」＝何らかの心理的,情緒的,身体的,あるいは社会的要因・背景により,児童生徒が登校しない,あるいはしたくともできない状況
- 「その他」＝「病気」,「経済的理由」,「不登校」のいずれにも該当しない理由

　ここで,ちょっと立ち止まって考えてみたい。「不登校」と判断される基準は何なのだろうか。このように書くと,すぐ上にあるではないかと思われるかもしれない。しかし,「不登校」の説明にある「何らかの心理的,情緒的,身体的」要因・背景とは具体的に何を指すのか。あるいは「病気」の説明にある「心身の故障」と,どの部分で異なるのか。仮に精神的なことがきっかけで学校を1週間ほど休んでしまい,そのまま行きづらくなりズルズルと欠席した場合,「不登校」と「病気」のどちらに分類されるのだろうか。また,

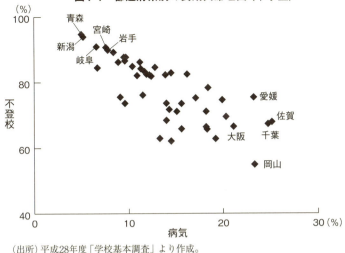

図4-1 都道府県別の長期欠席理由（中学生）

（出所）平成28年度「学校基本調査」より作成。

「不登校」に分類するにしても，不登校のきっかけは本人であっても説明が難しく（山田 2002），さらには複合的な要因が混在していることを考えれば，第三者が判断することは容易ではないと推察される。

「不登校」への分類の難しさを実際の統計からも確認してみよう。先に挙げた「学校基本調査」には，長期欠席の理由が都道府県別に掲載されているので，そこから「不登校」と「病気」を取り出しプロットした図を作成した（**図4-1**）。なお，図には「不登校」と「病気」の割合が高い上位五つの都道府県名を記入した。

図をみると，左上に位置する自治体（青森・新潟・岐阜・宮城・岩手）では，長期欠席の理由のほとんどは「不登校」となっている一方，右下にある自治体（愛媛・佐賀・千葉・大阪・岡山）では「不登校」の比重が下がり，「病気」に分類される割合が高くなっている。ただ，この結果はいささか奇妙に見える。というのも，現在の医療水準からすると，自治体ごとに「病気」の比率が大きく異なることは説明しがたいからである。「不登校」の割合が高い（低い）と「病気」の割合が低い（高い）という関係をみると，「不登校」／「病気」を

区別する基準には曖昧な部分が含まれている可能性がある。実際，いくつかの研究では，「学校基本調査」の不登校の数値は「実態」をあらわす指標としては妥当性を欠いていると指摘されている (保坂 2000；山本 2008)。統計は，誰かが複雑な現実を要約したものであり，いつも現実を正確に表現しているとは限らない (Best 2001＝2002)。統計を見る際には，誰がどのような定義のもと統計を作成しているのかを注意深く見る必要がある。

不登校の例からわかるように，学校に「行っていない」理由を理解することは容易でない。もちろん，誰の目から見ても明らかな理由もあるだろうが，明確でない場合もある。さらにいえば，学校に「行っていない」子どもに対する理解の仕方も，時代や社会状況により変化する。たとえば中学生の長期欠席の推移をみると (**図4-2**)，1970年代中ごろを底にU字型のカーブを描いているが，一定数の子どもが学校を長期欠席していた1950年代と，学校に休まず行くことが「当たり前」であった1970年代では，学校に「行っていない」子どもに対する理解は異なっていた。

この章では，学校に「行っていない」子どもたちを私たちはどのように理解してきたのか考えてみたい。ただ，その作業はあまりにも膨大であるので，

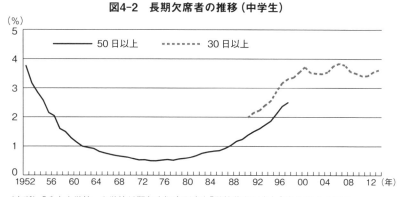

図4-2 長期欠席者の推移（中学生）

(出所)「公立小学校・中学校長期欠席児童調査」「学校基本調査」各年度版より作成。
(注) 1998年以前は年間の欠席日数50日以上，1991年以降は30日以上。

学校に「行っていない」現象に対する見方や問題の立て方の変遷を、「福祉の問題」、「心の問題」、「選択の問題」、「進路の問題」というキーワードから整理してみたい。

2. 「福祉の問題」としての長期欠席

　戦後の学制改革により、義務教育が（新制）中学校まで延長され、義務教育期間はそれまでの6年から9年となった。そうした制度上の変化の一方で、1950年代前半までは社会的・経済的混乱が各地でみられ、子どもたちにも貧困という暗い影を落していた。とくに農村・漁村の貧しい家庭の子どもたちは、中学生になる前後から労働力として期待され（農村であれば田植えや家畜の世話など）、学校に行かず働くことも珍しくなかった（冨田 1951）。「義務教育の完全就学」という理想に対し、貧しい家庭の子どもたちの置かれた現実はあまりに厳しいものであり、学校に「行っていない」子どもは少なからず存在していた。**図4-2**を見ても、1950年代前半には長期欠席生徒（年間50日以上の欠席）が3％以上存在しており、学校に「行っていない」ことは決して例外的な現象でなかったといえる。

　こうした社会状況のなか、長期欠席は社会問題となった。当時の新聞記事をみても、「6・3制に暗い谷間　長欠60万に超ゆ」（「読売新聞」1950年12月14日朝刊）、「6・3制……理想への悩み　校舎不足と長欠」（「読売新聞」1951年7月7日朝刊）、「不況に長欠児童急増」（「朝日新聞」1954年10月25日朝刊）、「食うための長欠児童」（「朝日新聞」1955年3月16日夕刊）といった見出しの記事があり、長期欠席がいかに重要な問題として注目されていたか理解できる。

　「義務教育の完全就学」の実現に向けて、長期欠席の解決は喫緊の課題であり、さらには社会的・経済的混乱にともなう「不良」化の早期発見・早期

防止という課題もあったため, 1949年に文部省と中央青少年問題協議会は共同で, 長期欠席の全国調査（東京都と高知県は除く）に乗り出した。その結果, 小学生・中学生合わせて70万人以上の長期欠席児童生徒が確認され, 文部省は1951年から「長期欠席児童生徒調査」を開始することを決定した（加藤 2012）。なお, この調査は1958年で打ち切られ, 1959年以降は「学校基本調査」に統合・簡略化される（保坂 2000）。

　1950年代前半, 学校に「行っていない」理由としては貧困や児童労働が挙げられていたが, こうしたことは実際の調査結果（「長期欠席児童生徒調査」）からも確認できる。いくつか紹介しておくと（1952年度）, 小学生の長期欠席の理由では「疾病異常」が4割以上ともっとも多く, 次いで「家庭の無理解」「家計を担当している」「教育費が出せない」が3割ほどとなっていた。中学生では「家庭の無理解」「家計を担当している」「教育費が出せない」が半数以上を占めていた。当時, 学校に「行っていない」子どもたちの多くは, 戦災による貧困や, 労働力として扱われることで学校に「行かせてもらえない」状況にあったのである。学校に「行っていない」背景には貧困や児童労働があり, 教育機会の阻害要因となっていた。その意味で福祉的な要素を色濃く反映した問題であったといえる。

3. 「心の問題」と「選択の問題」

　1955年には1人当たりの実質国民総生産が戦前の水準を超え, 翌年の『経済白書』には「もはや戦後ではない」という有名な一文が書かれた。戦後復興と高度成長によって, 貧困状態にある子どもたちの数は瞬く間に減少していった。また, 地方の中卒者が就職のために都市へと移動した「集団就職」に象徴されるように, 学校卒業と同時に職業の世界へと若者たちを送り出す

社会的なしくみが整備されていった（詳細は第10章を参照）。農村・漁村の貧しい家庭の子どもたちにとって，こうしたしくみを通して仕事に就くことが貧困からの脱出のきっかけとなったともいえる。

　経済水準の上昇と職業移行ルートの整備にともない，貧困のため学校に行けない子どもは減少し，学校に行く価値や意義はいっそう高まり，誰もが学校に行くことが当たり前となっていく。それは長期欠席率の低下をみても明らかであり（**図4-2**），「休まず学校に行く社会」となったといえる。一方で，学校に「行っていない」子どもは少数となり，「行っていない」理由を見いだすことは簡単ではなくなった。そうしたなかで「心の問題」という新しい見方が登場することとなった。

　学校に「行っていない」＝「心の問題」という見方は，精神医学や心理学をその基礎としていた。1930年代のイギリスやアメリカでは，学校に「行っていない」子どもを「学校恐怖症」と命名し，神経症的観点から理解する動きがあり，1950年代後半から60年代にはこうした動向が日本に紹介された（朝倉 1995；保坂 2000）。ただし，日本では「学校恐怖症」という名称の与える精神病理的なイメージを避けるため，「登校拒否」という用語が一般化した。それでも，貧困や児童労働などの「見えやすい」阻害要因がないにもかかわらず学校に「行っていない」子どもたちは，マスメディアを通じて徐々にその存在が知られるようになっていった。しかも，精神科医や心理学者といった専門家の見解を反映した報道が目立つようになり，学校に「行っていない」のは，子どもの内面や親子関係に問題があるとされた。

　こうした見方は公式統計や公的文書にも反映され，一定の影響力をもつようになる。たとえば，「長期欠席児童生徒調査」を引き継いだ「学校基本調査」は，1960年代前半には長期欠席の理由を掲載していなかったが，「登校拒否」の全国調査が存在しないことに対する児童精神科医らの批判を契機に，66年度の調査から「学校ぎらい」を理由として盛り込むようになった（朝倉 1995）[2]。また，文部省が1965年から90年まで発行していた『生徒指導資料』の第7

第4章　学校に「行っていない」子どもたち　75

集『中学校におけるカウンセリングの考え方』(1971年)を開くと,「登校拒否」に関して次のような記述がある。

> 登校拒否の生徒の中の心理的要因が,登校拒否の状態を引き起こしていることが大部分であり,その背景を深くとらえていかなくてはならない。よく,この原因を探ると,親の態度がしばしば問題にされる。父親の心理的な不在,母親の過保護やこどもの言いなりの態度,父母間の不和や不一致などである。

ここでは「登校拒否」の問題を子どもの内面,さらには親子関係に限定して理解しようとする姿勢がうかがえる。こうした傾向は1983年の『生徒の健全育成をめぐる諸問題——登校拒否問題を中心に(中学校・高等学校編)』(『生徒指導資料』第18集)でも確認される。第18集は「登校拒否」をメインテーマに編纂され,「登校拒否の原因と背景」という項目では次のような記述がみられる。

> 登校拒否は様々な原因や背景が複雑に絡み合って起こるものである。一般には,生徒本人に登校拒否の下地とも言える登校拒否を起こしやすい性格傾向ができており,それが何らかのきっかけによって登校拒否の状態を招くものと考えられている。

「登校拒否」の原因と背景はさまざまであると前置きしながら,主要因として内面の問題を指摘し(「不安傾向が強い」「優柔不断である」「適応性に欠ける」「柔軟性に乏しい」「社会的,情緒的に未熟である」「神経質な傾向が強い」),さらには父親や母親の養育態度にも言及している。

「学校ぎらい」という項目の導入(公式統計)と,子どもの内面および親子関係への言及(公的文書)が広がるなか,学校に「行っていない」子どもに対

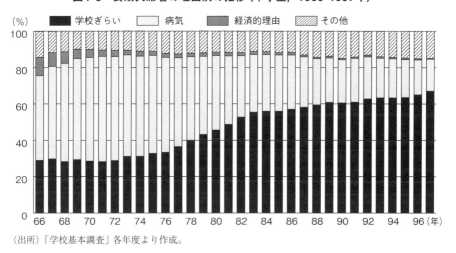

図4-3 長期欠席者の理由別の推移（中学生，1966-1997年）

(出所)「学校基本調査」各年度より作成。

する学校現場のまなざしは一気に変化していく。それは，長期欠席の理由の推移をみれば一目瞭然である（**図4-3**）。1970年代中盤以降，「学校ぎらい」の割合が急増し，80年代に入ると「学校ぎらい」が過半数を占めるようになる。

学校に「行っていない」＝「心の問題」として位置づけられるなか，学校に「行っていない」のは何らかの「病気」であるとされ，したがって「治療」の対象とみなされ，さまざまな実践が展開されるようになった。しかも実践の主体は，児童精神科医や心理学者といった専門家や，文部省などの公的な機関だけでなく，キャンプや宿泊体験などを通じて「治療」を謳う非専門家も登場した。そのなかにはスパルタ式の訓練で死者まで出した「戸塚ヨットスクール」も含まれていた。「登校拒否」を「治療」する実践も社会へと広まり，学校に「行っていない」＝「心の問題」という見方が支配的になっていった。

ところが，「心の問題」という見方に対抗する動きがあらわれる。1980年代あたりから，一部の児童精神科医と「登校拒否」の保護者を中心に，学校に「行っていない」のは子どもやその家族に問題があるのではなく，学校や

社会のあり方にこそ問題が潜んでいるとし，学校外の居場所（フリースクールなど）をつくるボランタリーな組織が徐々に増え始める。とくに象徴的なできごとは，「30代まで尾引く登校拒否症　早期完治しないと無気力症に」（「朝日新聞」1988年9月16日夕刊）と題した記事をきっかけに，「登校拒否」を病気とみなし治療の対象とすることへの反対集会が開催されたことである（奥地 1989）。これ以降，「心の問題」ではなく学校の問題にスポットをあてた「登校拒否」関連の報道が急増することになる（朝倉 1995）。おりしも，管理教育やいじめなど学校のかかえる問題が社会的に注目を集めるようになり，さらには「脱学校」という言葉が一種の流行となっていたこともあってか，学校に「行っていない」＝学校の問題という見方が受け入れられやすい土壌ができつつあった。さらに，研究の領域では，森田洋司（1991）の研究において，学校に行きたくないという感情を示す子どもたちが広く存在することが指摘され，「登校拒否」の病理性は否定された。

　学校に「行っていない」＝「心の問題」とする見方に対抗的な動きが80年代から活発化し，学校に「行っていない」のは個人や家族の問題ではないという見方が市民権を得るようになる。こうしたなか，文部省は「学校不適応対策調査研究協力者会議」を発足させ，1992年には『登校拒否（不登校）問題について――児童生徒の「心の居場所」づくりを目指して』を刊行する。そのなかには次のような記述がある。

> 　登校拒否となった児童生徒本人の性格傾向などに何らかの問題があるために登校拒否になるケースが多いと考えられがちであった。しかし，登校拒否となった児童生徒をみてみると，必ずしも本人自身の属性的要因が決め手となっているとは言えない事例も多く，ごく普通の子どもであり属性的には何ら問題もみられないケースも数多く報告されている。

「登校拒否はどの子にも起こりうる」という基本姿勢を提言し，子どもやその家族の問題という従来の見解を変更した。それにともない，98年度には学校基本調査の項目が「学校ぎらい」から「不登校」へと変更された。さらには，民間施設に通う日数を学校の出席日数に置き換える措置や通学定期券の利用など，強制的に学校に復帰させる動きが抑制され，フリースクールなどで学ぶことへの理解も一定程度示されるようになった。

学校に「行っていない」のも選択肢のひとつであるという見方がフリースクール関係者を中心に広がっていくが，その根底にあるのは，「子どもは学校に行かなくてよいのであり，学校の他にフリースクールなどの選択肢を認めるべき」という意識であり，学校に「行っていない」ことを「選択の問題」として理解する試みであった（貴戸 2004）。

4. 「進路」という新たな問題設定

「心の問題」にせよ「選択の問題」にせよ，いずれも学校に「行っていない」子どもの現状をどのように理解するのかということが関心の中心にあった。ところが2000年代に入ると，学校に「行っていない」ことに対する新しい見方が登場する。それが「進路の問題」である。

3月末に学校を卒業し，4月から企業で働き始める。この一連の流れを企業側からみれば，在学中の生徒・学生に面接などを実施し採用候補者を決めることであり，生徒・学生側からみると，在学中に「就活」し卒業前に内定を獲得するということになる。一般的に**新規学卒一括採用方式**と呼ばれ，日本社会に特徴的な採用方法である（詳細は第10章を参照）。企業に就職するには，学校を経由した移行ルートを通過することが圧倒的に有利とされる（先にふれた「集団就職」も含まれる）。ところが90年代後半あたりから，経済の停滞

やグローバル化への対応のため,企業は正規雇用を削減し非正規雇用を活用するようになる。90年代前半まで,学校から企業への移行ルートはきちんと舗装され,学校を卒業すればほとんどの若者が安心して通過(=正規雇用として就職)できていたが,いまや舗装が行き届かなくなり,安心して通過できる若者は少なくなっている。正規雇用としての就職が難しく,経済的に自立できない若者たちが増えていることはご存知だろう。さらに,経済的な自立の困難は,結婚や親になることも難しくし,これまで自明視されてきた成人期への移行パターン(就職→結婚→親になる)も不安定になっている。

こうした状況のなかで,学校に「行っていない」子どもに対する見方は変化する。そのひとつのきっかけとなったのが,不登校経験者を対象に大規模な追跡調査を計画・実施した森田(2003)の研究である。調査データを分析した森田は,不登校経験者は高校／大学進学率が低い一方,中退率が高く,20歳時点で仕事に就かず学校にも通っていない割合が高いという結果を示している。そして,森田は次のように指摘する。

　現在のように労働雇用市場が大きく変化し,不況が深刻な時期には「進路形成の問題」が未解決になりやすく,そのことが「心の問題」を引きずる結果になりやすいだけに,「進路形成の問題」への解決にどのような支援を行っていくかは,きわめて重要な,しかも喫緊の課題である。(森田 2003, p.33)

学校に「行っていない」背景には成人期への移行の不安定性があり,したがって「学校教育機関や職業システムへとつなげるためのどのような支援をしていくかを検討すべき段階である」(森田 2003, p.25)という。学校に「行っていない」ことは,不安定な就労など将来のリスクと結びつきやすいため,積極的な支援の必要性が提言されている。

同様の見解は文部科学省にもみられる。たとえば2003年の「今後の不登

校への対応の在り方について」では,「登校拒否はどの子にも起こりうる」という基本姿勢を継承しながらも,学校に「行っていない」状態の継続は社会的自立のために望ましくないとし,対策の必要性が報告されている。さらに,2016年に「不登校に関する調査研究協力者会議」が提出した「不登校児童生徒への支援に関する最終報告」のなかでも,「中学校卒業後の課題」として「高等学校に関する取り組み」と「中学校卒業後の就学・就労や『ひきこもり』への支援」が挙げられ,社会的自立の観点から,学校に「行っていない」子どもたちへの支援の必要性を指摘している。

　成人期への移行パターンが不安定になるなか,大学や高校を卒業したとしても安定した移行の保障はないが,不登校や高校中退など学校に「行っていない」場合,不安定な就労や生活におちいるリスクはいっそう高くなるとの懸念が広がりつつある。2000年代以降,学校に「行っていない」子どもに対しては,社会的自立の支援が重要課題として議論されている。

5.「どこで学ぶ」から「何を学ぶ」へ

　これまで見てきたように,学校に「行っていない」現象に対する見方や問題の立て方は変化している。1950年代前半には,貧困や児童労働で教育機会が阻害されていることが問題視され,学校に「行っていない」=「福祉の問題」という側面が強かった。

　高度成長にともない日本社会が経済的に豊かになり,学校から企業への移行ルートも整備されるなか,「休まず学校に行く社会」となり,学校に「行っていない」子どもの数は圧倒的に少なくなった。ただ,学校に「行っていない」子どもに対して「貧困や児童労働の問題がないにもかかわらず,なぜ学校に行かないのか」というまなざしが向けられ,「行っていない」要因の

ひとつとして「心の問題」に注目が集まった。学校に「行っていない」ことは一種の「病気」であるとレッテルが貼られ,「治療」の対象として扱われることさえあった。「心の問題」は社会に受け入れられ支配的な見方になったものの,教育問題の広がりや学校への認識が変わりつつあるなか,そうした見方は疑問視されるようになる。とくに学校に「行っていない」子どもやその親が中心となり,「心の問題」に対抗する見方として「選択の問題」が異議申し立てのかたちで提示された。

　そして,若者の移行危機や格差が社会的に関心をもたれるようになった2000年代以降,学校に「行っていない」ことは将来のリスクにつながるという見方が登場する。学校に「行っていない」現象を長期的視点から見るという意味では重要な論点であるが,将来のリスクを回避するために,学校に戻ることを唯一の対策とすることには注意が必要であろう。

　学校に「行っていない」現象は,「福祉の問題」「心の問題」「選択の問題」「進路の問題」など,時代や社会状況に応じていずれかの要素が強調されるかたちで切り取られ,議論されてきた。もちろん,どの要素も解決済みということはない。たとえば「福祉の問題」は高度成長期以前に顕在化したが,子どもの貧困という意味では現代と通底している（第5章を参照）。学校に「行っていない」現象は,さまざまな要素が折り重なりながら構成されており,状況に応じて対策を講じる必要があるだろう。

　これまで,学校に「行っていない」現象に対する見方や問題の立て方の変遷を整理してきたわけだが,私たちは何を考えるべきなのか。最後に,皆さんに考えていただきたいことをひとつだけ投げかけておきたい。

　学校に「行っていない」子どもを議論する際に,そこにはひとつの前提がある。それは,「何を学ぶ」かよりも「どこで学ぶ」かを優先していることである。学校に「行っていない」子どもを問題視する背景には（たとえ無意識であれ）,学校から企業への移行ルートの存在があるように思われる。すでにみたように,新規学卒一括採用方式のもと,日本社会では企業への就職には

学校の卒業が必要条件となっている。そこでは「何を学ぶ」かよりも「どこで（＝学校で）学ぶ」（あるいは「どの学校で学ぶ」）かが重要となりやすい。しかも，多くの人々が被雇用者として企業で働く社会では，学校を経由して就職するルートをほとんどの若者が通過するため，「学校で学ぶ（どの学校で学ぶ）」ことの価値が高くなりやすい。現在では職業移行ルートは不安定となっているものの，それでも「学校で学んでいない」人のほうが「学校で学んだ」人よりも不安定な移行のリスクは高い。学校に「行っていない」ことを問題とする姿勢と，「学校以外で学ぶこと」に対する不安感は，根底ではつながっている。

　学校を経由して企業へと移行するルートを整備してきた日本社会では，「学校で学ぶ」ことが前提とされてきた。こうしたあり方は，若者たちの移行を支えてきた有効なしくみであったものの，結果として学校に「行っていない」子どもを追いつめることになってしまっていないだろうか。

　第Ⅱ部のイントロダクションに書いたように，2016年度に成立した「教育機会確保法」は，これまで私たちの多くが当たり前のように考えてきた「学校で学ぶ」ことそれ自体を問い直すきっかけとなりうる。この法案は施行後３年以内に施行状況の検討を加えるため，今後どのような方向に進むのかはわからない部分もある。ただ，その際に「どこで（＝学校で）学ぶ」ということを一度保留し，学校に「行っている」人も「行っていない」人も含めて，「何を学ぶ」かを考え直してみる必要があるのではないか。6章でみるように，学校以外の場所で学んでいる人たちはすでに存在しているのである。

　　　学校に行く人も行かない人も同じ社会に生きている。学校に行かない人の解放は，行く人のあり方を変えることなしにはあり得ない[3]。

　この文章は不登校経験者の言葉であるが，「どこで（＝学校で）学ぶか」ではなく，「何を学ぶか」を問い直す時期に来ているのかもしれない。

WORK

❶ この章では「登校拒否」や「不登校」に対する文部科学省や専門家の見方を紹介したが,ほかにも「登校拒否」や「不登校」はどのように理解されてきただろうか。「学校恐怖症」「学校ぎらい」「登校拒否」「不登校」等の定義に何が書かれているのか,さまざまな辞書で調べてみよう。その際,時代によって定義にどのような変化があるのかについても調べよう。

❷ 「登校拒否」や「不登校」以外に,どのような子どもたちが学校に「行っていない」だろうか(たとえば高校中退など)。可能な限り書き出し,そうした子どもたちがどのくらいの割合で存在するのかを,「学校基本調査」などの公的データを使用しながら推計してみよう。

〈注〉
(1) 1948年に,厚生省児童局長と文部省学校教育局長の連名で「学校における児童福祉法の徹底について」という通知が出された。この通知では「学校と児童福祉機関の連携による不就学,長期欠席等の解消や校外指導の促進,不良化のおそれのある児童の早期発見と早期指導等を行う」ことを求めた。
(2) 「学校ぎらい」は「長期欠席児童生徒調査」にも設けられていたため,正確にいえば項目の復活である。
(3) この文章は「不登校新聞」1999年3月15日号に掲載されたものであり,貴戸(2004)より再引。

〈参考文献〉
朝倉景樹(1995)『登校拒否のエスノグラフィー』彩流社
石川憲彦・内田良子・山下英三郎編(1993)『子どもたちが語る登校拒否――402人のメッセージ』世織書房
伊藤茂樹編(2007)『リーディングス日本の教育と社会8 いじめ・不登校』日本図書センター
奥地圭子(1989)『登校拒否は病気じゃない――私の体験的登校拒否論』教育史料出版会
加藤美帆(2012)『不登校のポリティクス――社会統制と国家・学校・家族』勁草書房
貴戸理恵(2004)『不登校は終わらない――「選択」の物語から〈当事者〉の語りへ』新曜社
佐伯胖編(1998)『岩波講座現代の教育4 いじめと不登校』岩波書店
酒井朗(2010)「学校に行かないこども」(苅谷剛彦・濱名陽子・木村涼子・酒井朗『教育の社会学――〈常識〉の問い方,見直し方』有斐閣アルマ,2-65ページ)
佐藤修作(1996)『登校拒否ノート――いま,むかし,そしてこれから』北大路書房
竹川郁雄(1993)『いじめと不登校の社会学――集団状況と同一化意識』法律文化社
冨田竹三郎(1951)「漁村及び農村中学校の長期缺席生徒について」(『教育社会学研究』第1集,

133-140ページ）

保坂亨（2000）『学校を欠席する子どもたち——長期欠席・不登校から学校教育を考える』東京大学出版会

森田洋司（1991）『「不登校」現象の社会学』学文社

─────編著（2003）『不登校—その後——不登校経験者が語る心理と行動の軌跡』教育開発研究所

山田潤（2002）「『不登校』だれが，なにを語ってきたか」（『現代思想』第30巻5号，233-247ページ）

山本宏樹（2008）「不登校統計をめぐる問題」（『教育社会学研究』第83集，129-147ページ）

渡辺位編（1983）『登校拒否・学校に行かないで生きる』太郎次郎社

Best, Joel（2001＝2002）*Damned Lies and Statistics: Untangling Numbers from the Media, Politicians, and Activists.*（ジョエル・ベスト『統計はこうしてウソをつく——だまされないための統計学入門』林大訳，白揚社）

第5章
貧困世帯の子どもたち

　たとえば，皆さんが学校の教員だと仮定して，次のことを考えてみてほしい。毎朝，朝食を食べてこない子どもがいたら，どのように声をかけるだろうか。学校で転んでケガをした生徒がいて，病院に連れていこうとしたときに「うちはお金がないから病院行けない」と生徒に言われたら，どのように答えるだろうか。保護者にも「病院には連れていかなくていい」と言われたら，どう対応するだろうか。あるいは，部活に熱心に取り組んでいたはずの生徒に「ケガをしてしまったし，ユニフォームも買えないので退部します」と言われたら，あなたはどうするだろうか。高校受験を控えた生徒が「私立の併願は（経済的理由で）できないので，確実に合格する公立高校に志願変更したい」と話したら，あなたはどう答えるだろうか。

　これらの場面でどう対処すべきか，どう声かけをするべきかについて，もちろん正解はない。しかしながら，われわれは頭のどこかで，子どもは朝早く起き朝食を食べて学校に登校するべきである，病院に行くお金くらいはあるだろう，ユニフォームのために部活動をやめるなんてもったいない，受験はできるだけ高みをめざして挑戦するべきである，と思ってはいないだろうか。子どもの生活状況や家庭の考え方はさまざまであることを理解しながらも，学校をめぐっては，やはり一般的に望ましいとされる価値観が前面に出てくることがある。

　本章では，とくに家庭生活と経済的事情に焦点をあて，子どもたちの生活

背景から，学校へ通うことについて考えてみよう。貧困世帯の子どもたちのなかには，学校を休みがちであったり，不登校の状態であったりする子ども，あるいは学校生活にうまく適応できない子どもがいる。彼ら／彼女らがどのような状況にあり，なぜ学校から離れがちであるのか，これについても家庭生活と経済的事情に即して理解していきたい。

1. 日本における子どもの貧困

(1) 子どもの貧困とは何か

　一言で貧困といっても，貧困には「**絶対的貧困**」と「**相対的貧困**」があるとされている。「絶対的貧困」とは，社会的文脈を問わない最低水準であり，「生存のための最低生活費を下回る収入や生活費の状態」(岩田 2007) のことをいう。生存のためであるので，1日に必要な食料の最小限度の費用から算出するという考え方がもとになっている。

　それに対して「相対的貧困」とは，「社会の一員として生きていくための最低限の生活費が貧困の境界」という考え方 (岩田 2007) である。貧困は「それが発生する社会的文脈のもとで理解されなければならない」ため (Spicker 2007 = 2008, p.41)，貧困か否かは人々が生活するその社会（水準）によって判断される必要がある。いまの日本に即して考えるならば，最低限の食料があれば十分ということはなく，家賃や光熱費，医療費が必要であり，夏ならば何枚かの半袖，冬ならば長袖やコートが必要となる。また，人と交流したり仕事をしたりするのに，なんらかの通信手段も欠かせないと考えられる。OECD（経済協力開発機構）や日本の生活保護費の基準も「相対的貧困」の概念をもとにしている。本章においても以後，「貧困」とは基本的に「相対的貧困」という意味で用いる。

実際に使用される**相対的貧困率**は、等価可処分所得（所得から所得税や住民税、社会保険料などを差し引き調整した額。つまり世帯で実際に使える手取りの収入額）の中央値（平均値ではなく、中央に位置する値）の半分に満たない世帯の割合のことである（**図5-1**）。

　それでは、「相対的貧困」で見た場合、現在の日本にはどのくらい貧困状態におかれた子どもたちがいるのか確認しよう。平成25（2013）年度の「国民生活基礎調査」によれば、日本の子どもの貧困率は16.3％と算出されており、6人に1人が貧困世帯の子どもとなる（**図5-2**）。つまり、1クラス30人だとすれば、そのなかの5人は貧困状態におかれているという計算になる。

　さらに、大人が2人以上いる世帯は貧困率が12.4％であるのに対して、大人が1人の世帯は54.6％にも及ぶ。ここから、ひとり親が子どもを育てるには大きな経済的困難をともなっていることが読み取れる（**図5-3**）。

　「子どもの貧困」は子ども時代で完結するのではなく、進学や就職など将来にわたって、さまざまな影響を及ぼしうることが指摘されている。「平成27年度　子供の貧困の状況と子供の貧困対策の実施状況」（内閣府 2016）によれば、平成27（2015）年度の全世帯での高等学校等進学率は98.8％であり、全

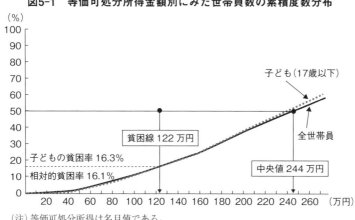

図5-1　等価可処分所得金額別にみた世帯員数の累積度数分布

（注）等価可処分所得は名目値である。
（出所）厚生労働省「平成25年　国民生活基礎調査の概況」より。

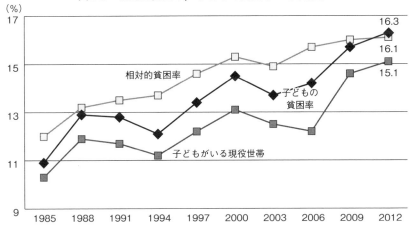

図5-2 相対的貧困率，子どもの貧困率の年次推移

(注1) 1994年の数値は兵庫県を除いたものである。
(注2) 大人とは18歳以上の者，子どもとは17歳以下の者，現役世帯とは世帯主が18歳以上65歳未満の世帯をいう。
(出所) 厚生労働省「平成25年 国民生活基礎調査」より作成。

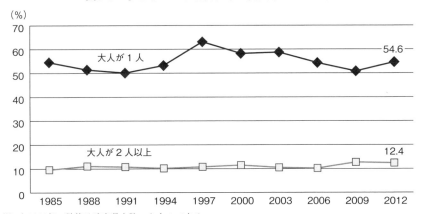

図5-3 子どもがいる現役世帯の貧困率の年次推移

(注1) 1994年の数値は兵庫県を除いたものである。
(注2) 大人とは18歳以上の者，子どもとは17歳以下の者，現役世帯とは世帯主が18歳以上65歳未満の世帯をいう。
(出所) 厚生労働省「平成25年 国民生活基礎調査」より作成。

日制高校への進学率は91.4％であるが、生活保護世帯の子どもの高等学校等進学率は92.8％であり、全日制高校への進学率は67.4％にとどまる。全世帯と生活保護世帯を比較すると、高等学校等への進学率だけでなく、進学先の課程についても差異がみられるのである。また高等学校等中退率は、全世帯が1.5％なのに対して、生活保護世帯の子どもは4.5％と3倍になる。高等学校等へ進学したとしても、通い続けることは困難となることがわかる。また大学等への進学率については、全世帯で51.8％、生活保護世帯の子どもが20.0％である。

「子どもの貧困」の定義について小西祐馬（2009）は、「子どもが経済的困難と社会生活に必要なものの欠乏状態におかれ、発達の諸段階におけるさまざまな機会が奪われた結果、人生全体に影響を与えるほどの多くの不利を負ってしまうこと」であり、「本来、社会全体で保障すべき子どもの成長・発達を、個々の親や家庭の『責任』とし、過度な負担を負わせている現状では解決が難しい社会問題」としている。また、「人間形成の重要な時期である子ども時代を貧困のうちに過ごすことは、成長・発達に大きな影響をおよぼし、進学や就職における選択肢を狭め、自ら望む人生を選び取ることができなくなる『ライフチャンスの制約』をもたらすおそれ」があると述べ、「子どもの『いま』と同時に将来をも脅かすもの」が「子どもの貧困」であると結んでいる。本章においても、貧困世帯の子どもについては、現在と将来をあわせて考える必要があることを念頭に進めていきたい。

(2) 子どもの貧困対策

経済的困難は子どもの将来にまで影響を及ぼしうる。道中隆（2009）は、福祉事務所が保管している資料から、被保護母子世帯における世帯主の38.7％が中卒であり、27.4％が高校を中退していることを明らかにした。また、生活保護を受けている世帯主が、過去に生育した家庭でも生活保護を受けて

いたかどうかを調査し，母子世帯における貧困の世代間継承が40.6％の世帯で確認されたという。こうしたデータから私たちは，経済的困難が子どもの学力や教育達成を低位にし，将来の生活を再度不安定にする可能性が高いことを容易に想像することができる。

　このような「子どもの貧困」や貧困の世代的再生産に対応して，国もさまざまな支援に取り組み始めている。2014年1月，「子どもの貧困対策の推進に関する法律」が施行された。この法律の目的は「子どもの将来がその生まれ育った環境によって左右されることのないよう，貧困の状況にある子どもが健やかに育成される環境を整備するとともに，教育の機会均等を図るため，子どもの貧困対策に関し，基本理念を定め，国等の責務を明らかにし，及び子どもの貧困対策の基本となる事項を定めることにより，子どもの貧困対策を総合的に推進すること」とされている。そこでは子どもの貧困対策として，以下のように教育の支援，生活の支援，保護者に対する就労の支援，経済的支援に取り組むことが明記された。

①教育の支援：就学の援助，学資の援助，学習の支援その他の貧困の状況にある子どもの教育に関する支援のために必要な施策
②生活の支援：貧困の状況にある子ども及びその保護者に対する生活に関する相談，貧困の状況にある子どもに対する社会との交流の機会の提供その他の貧困の状況にある子どもの生活に関する支援のために必要な施策
③保護者に対する就労の支援：貧困の状況にある子どもの保護者に対する職業訓練の実施及び就職のあっせんその他の貧困の状況にある子どもの保護者の自立を図るための就労の支援に関し必要な施策
④経済的支援：各種の手当等の支給，貸付金の貸付けその他の貧困の状況にある子どもに対する経済的支援のために必要な施策

　さらに同年8月の閣議において，政府は貧困世帯の子どもの教育や生活を支援するため，はじめて「子供の貧困対策に関する大綱」を決定した。

　また，これまで子どもの貧困に関する調査研究が十分ではなかったことを

踏まえて，今後，子どもの貧困の実態等を把握・分析するための調査研究や，子どもの貧困に関する新たな指標の開発に向けた調査研究等に取り組むことが明記された。このように子どもの貧困については，国全体で対策がとられるようになりつつある。

2. 貧困世帯の子どもの学校生活

　本節では具体的に貧困世帯の子どもたちの学校生活についてみていこう。彼ら／彼女らがどのような学校生活を送っているのか，貧困は学校生活にどのようなかたちであらわれるのかを確認しよう。

(1) 学校生活を送るためにはいくらかかるのか

　学校で過ごすためには，どのくらいのお金が必要なのだろうか。学校事務職員の窪田弘子による試算をみてみると，小学校から中学校，高校と上がるにつれて，金額も上昇することがわかる（以下，窪田 2009）。ある公立小学校の入学年度にかかる費用は合計約13万円となっている。ここには学校指定の給食服や鍵盤ハーモニカのほか，上履きやスクール水着，水泳帽子，給食費や教材費等が含まれている。また，ある公立中学校の入学年度にかかる費用は合計約25万6000円とされる。学校指定の給食服や制服一式のほか，給食費，教材費，積立金が集金され，辞書類や部活動にかかる費用も準備しなければならない。高校になると，公立の場合でも入学年度にかかる費用は合計約64万円となる。学校には，入学金や授業料に加えてPTA会費や施設設備費を納め，学校指定の制服を購入し，教材費を準備し，場合によっては通学費を賄わなければならない。高校からは給食がない学校が多いため，昼食

の準備を各家庭でおこなう必要もある。

　さらに，学校生活に必要な経費は授業や課外活動にかかるものだけではない。子どもの視点から考えれば，友だち関係を維持するために必要なお金もある。イギリスの貧困世帯の子どもたちにインタビューをおこなったリッジは，彼らは友人関係から排除されがちであること，また「仲間にとけ込む」ためには服装が重要であると考えていることを報告している (Ridge 2002=2010)。日本の子どもたちにも，友だちとの交流のために必要なお金は生じるだろう。たとえば友だちとゲームをしたり，どこかへ遊びに行ったりするのに費用がかかるかもしれないし，誕生日のプレゼント交換の機会があるかもしれない。子どものために必要なモノや経験の標準を定めるのは難しい。各家庭の判断が尊重されるべき場面もあり，単純に統一できることがらでもない。しかし，こうしたモノや経験がないことにより，学校生活における子どもの交友関係が狭められ，子どもたちが消極的になることが考えられる。

(2)　貧困は学校生活にどのようなかたちであらわれるのか

　学校生活のなかで，貧困は具体的にどのようにあらわれるのだろうか。小西 (2003) は，生活保護世帯の高校生6名にインタビュー調査を実施し，対象者の全員が「学校でうまく立ち回れなかったことを経験しているのと同時に，勉強でのつまずきを経験している」ことを明らかにしている。また3名は，転校した際に，友人ができなかったり，前の学校と進度の異なる授業についていくことができなかったりし，学校生活がつらいものであったという。盛満弥生 (2011) は，生活保護世帯の中学生を対象にその学校生活を描き出した。そして，調査対象となった生活保護世帯の子ども11名のうち3名が不登校状態となっており，この不登校状態が「脱落型不登校」(保坂 2000) であることを指摘した。「脱落型不登校」とは，「そもそも家庭の養育能力に問題があって，学校に行くための前提ともいうべき環境が整っていないようなケース」

のことを指す（保坂 2000）。

　このように，貧困世帯の子どものなかには，学校生活で学業成績が低くとどまっていたり，不登校状態となったりする者がいる。こうした状況は義務教育修了後にも影響を及ぼす。長谷川裕は，生活困難層の高校生を対象とした聞き取り調査を実施し，「学校不適応」が生じている子どもが多く，不登校や高校不進学，高校中退の割合が高いことを明らかにした（長谷川 1993）。また彼ら／彼女らは「学校へのこだわり」が希薄であり，そうした学校不適応について「格別に強い逡巡がないままでの離脱として経験されている」ようであるという。

　しかしながら，学校現場で，貧困世帯の子どもを支援する方途は模索中である。先の盛満は，家庭の不利が学校であらわれてしまっている場合に，教師は生活保護世帯の子どもに対して，金銭的な援助も含めた特別な支援や配慮をしていることを明らかにしている。ニューカマー（外国人労働者）や被差別部落地域の子どもたちは「学校や学級の中心に位置付けられ，エンパワーの対象とみなされてきた」が，貧困世帯の子どもは「同じ社会的背景をもつ集団としてエンパワーの対象とはなりにくい」ために，ほかの生徒との「差異を埋める形で行われる」のである（盛満 2011）。学校現場では，教師は生徒に対して公正で平等な対応をすることが求められており，「低所得層といった特別な見方は，教育の現場にふさわしくない」という意識が働いている（久冨編 1993）ことも関係しているだろう。

3. 貧困世帯の子どもの実情

　本節では，貧困世帯の子どもたちがどのような状況におかれているのか，家計および家庭生活の二つの視点から考えてみよう。

(1) 家計から考える

　幸重忠孝は，貧困状態を模擬体験することをねらいとして，家計をシミュレーションするワークを提案した（幸重 2016）。少し紹介すると，37歳の夫婦と中学1年生の子ども1人の3人家族の場合，標準的な収入は月収34万円である。内訳として，住居費や光熱費，食費，衣類，教育費，交際費，通信費，医療費等を振り分けて考えてみる。一方，厚生労働省が示す基準に基づき，貧困ラインの家庭における家計（月収17万円）の場合を考えてみる。参加者はこのワークをおこなうなかで，「教育費が足りない」「食費を削るしかない」「医療費は出せない」と，先ほどと同じような配分では家計が成り立たないことに気づき，子どものおかれた貧困状態だけでなく，家計を切り盛りしている保護者の葛藤についても思い至ることとなる。

　2節(1)で述べたように，学校生活を送るためには所定の費用が必須であり，友人関係を保つためにもいくらかのお金が必要となる。さらに，冒頭で述べたように，子どもがケガをすれば医療費がかかり，中学校の部活動に入れば部費等が必要となり，受験期にはその費用が必要経費に上乗せされることになる。

　子どもの貧困の背後には，女性の貧困があるともいわれている。「平成23年度　全国母子世帯等調査」によれば，全国の母子世帯は123.8万世帯と推計されている。母親の就業率は80.6％であり，母子世帯の多くの母親が就業している。しかし，母親の平均年間就労収入は約181万円にとどまり，世帯全員の平均年間収入も約291万円にとどまっている。児童のいる世帯全体の平均年間収入は約658.1万円であるため，これと比べると大きな開きがある。

　ここで，同調査の結果報告から，母子世帯の母親が困っていることの内訳を見てみよう（**表5-1**）。家計について困っている人は45.8％，仕事は19.1％，住居は13.4％である。注目したいのは，自分の健康について困っている人が約10％いるということである。母子世帯の母親のなかには，働きたくても働

表5-1 母子世帯の母親が困っていること

家計	仕事	住居	自分の健康	親族の健康・介護	家事	その他	総数
45.8%	19.1%	13.4%	9.5%	5.1%	1.5%	5.7%	100.0%
586名	245名	171名	121名	65名	19名	73名	1280名

(注)総数は「特にない」と不詳を除いた値。
(出所)厚生労働省「平成23年度 全国母子世帯等調査結果報告」より作成。

けない，働く以前の健康状態に困難をかかえている人もいるのである。

(2) 家庭生活から考える

「平成23年度 全国母子世帯等調査」によれば，母子世帯のひとり親世帯となった理由は，離婚が80.8％，死別が7.5％となっている。そして，不就業だった母親の69.1％が，母子世帯になった後，就業している。こうした調査から，貧困世帯の子どもたちは，ある時点で両親が離婚し，生活が大きく変容した経験をもつ者が多いことが推測される。全世帯の生活保護受給率は3.22％だが，母子世帯の生活保護受給率は14.4％であることからも，母子世帯の経済的困難が浮かび上がってくる（厚生労働省 2015）。

筆者は生活保護世帯の若者に継続的なインタビュー調査をおこない，生活保護世帯の子どもたちが，経済的困窮を起因のひとつとして家庭内不和や離婚，引っ越しを経験していたことを明らかにした（以下，林 2016）。

家庭生活の変容のなかで子どもたちは，重点的に家事に時間を費やすようになっていた。性別を問わず，彼ら／彼女らは食事をつくったり掃除をしたり，弟妹の面倒をみたり洗濯をしたりして，家のなかで「お母さん役」をしていることがある。母親の仕事が忙しかったり，病気がちであったりする場合に，とくにその傾向が顕著にみられた。家族の役に立っているという自負や，ほかの同年代の子どもたちがしないことをやっているという「優越感」が

語られる場合もあれば，「動けるのが自分しかいない」から家事をしているという場合もあったが，どちらにせよ彼ら／彼女らは必要に迫られながら，日々の家庭生活のなかで自分の役割を受け入れ遂行していた。

　そして，家庭生活が変容したのと同時期に，授業に集中できなくなったり，ネット等への没頭が生じていたり，または不登校傾向が始まったりしていた。つまり，ひとり親家庭になった世帯の子どもは，家庭生活で多くの役割を担うようになるのとは対照的に，学校生活では周辺化を強めかねない事態が起きていたのである。

　生活保護世帯の子どもたちは，家庭生活で重要な役割を担い，家庭をよりどころとしているために，または家庭生活の課題があるがゆえに，関心がそこに集められ，相対的に学校生活の優先順位が低くなる。また，学校生活で子ども自身に何か変化や困難があったとしても，保護者に物理的／精神的な余裕がない場合，子どもたちは心理的なサポートや社会的な支援を受けることが難しい。

　本田麻希子ら（2011）は，離婚が子どもにどのような影響を及ぼすのかについてまとめており，「親と生活をともにできなくなることは，子どもにとっては愛着の喪失という体験になる」と指摘している。両親の離婚により，子どもたちは愛着対象をひとつ喪失し，並行して家庭生活における役割の引き受けを経験しているという時間経過を踏まえると，多くのひとり親家庭で，子どもが家庭生活を支える役割を献身的に担うようになるプロセスがより容易に理解できよう。とくに保護者が健康を損ねている状態であれば，なおさら子どもは家庭で多くの役割を担うことになると推測できる。

　もちろん，離婚をしたとしても（もしくは未婚の母であったとしても），生活が安定している家庭もたくさんある。離婚してよかったという家庭も数多いだろう。しかし，それには子どもが離婚について理解していること，父親からの養育費があること，また母親の収入が安定していること，周囲のサポートや支援制度が充実していることなど，家庭を支える複数の条件が継続的に保

たれることが必要だと考えられる。

4. まとめ

　家庭はもっともプライベートな領域であるため，多くの人にとって自分以外の家庭の状況を見る機会は少ない。そのため，外から「お金がないこと」は見えにくい。多少の余裕があっても倹約をしている人はたくさんいるだろうし，本当にギリギリの生活をしている人も，その実情を他人にさらすことは少ない。また，「貧困」というと「大切なのはお金より心だ」といった論理にすり替えられることがある。家族や周囲の愛情や本人の努力が重要なのであって，お金は問題ではないというものだ。そのため，お金がないことは後景に退き，家庭の判断や子どもの行動に目が行く。だからこそ，学校現場においても家庭背景は見えないものとなり，一般的に「望ましい」価値が子どもたちに要求される。

　本章でみてきたように，貧困世帯の子どもたちは，家庭生活に適応しながら，家庭状況や経済的事情を表に出さずに学校生活を送っている。あるいは，家庭の養育機能が低下し，子どもたちが家庭生活に貢献するなかで，学校からは離れ，不登校の状態になっている場合もある。いずれにせよ，家庭生活や経済的事情は子どもたちの学校生活に影響をおよぼしている。

　志水宏吉ら（2009）は，「しんどい子」について学校現場から何ができるかという観点から「力のある学校」を探求しており，どのような学校が効果をあげているのか，事例紹介とともに質的あるいは量的分析を精力的におこなっている。少なくとも義務教育段階の小・中学校には，誰もが通う権利をもっている。この段階で社会的なつながりや基礎学力を培っておくことは，将来のために重要であることは言うまでもないが，子ども期の豊かさという視

点からも見過ごすことはできない。

　貧困世帯の子どもたちの実情をみるに，低所得世帯やひとり親世帯に対する経済的支援が必要なことは言うまでもないが，家庭生活における家事支援や個人の身体的・精神的ケアも，社会的な制度や支援として公的に保障されることが求められているだろう。また社会保障制度や労働条件の見直しも同時に進められる必要がある。

WORK

❶ 貧困世帯やひとり親世帯の子どもを対象とした制度や支援には，どのようなものがあるだろうか。また地方自治体によっても異なるだろうか。自分の住んでいる市町村のホームページなどから調べてみよう。

❷ 学校現場では，貧困世帯やひとり親世帯の子どもについて「特別な見方はよくない，すべての子どもを平等に見る必要がある」という考え方もあれば，「フォローが必要な子どもは手厚く見ていくべきである」という考え方もある。自分はどちらの意見に近いのかを考えて，グループで意見交換をしてみよう。

〈参考文献〉
青木紀編（2003）『現代日本の「見えない」貧困――生活保護受給母子世帯の現実』明石書店
浅井春夫・松本伊智朗・湯澤直美編（2008）『子どもの貧困』明石書店
阿部彩（2008）『子どもの貧困――日本の不公平を考える』岩波書店
岩田正美（2007）『現代の貧困――ワーキングプア／ホームレス／生活保護』ちくま新書
久冨善之編（1993）『豊かさの底辺に生きる――学校システムと弱者の再生産』青木書店
窪田弘子（2009）「こんなにかかる学校のお金」（子どもの貧困白書編集委員会編『子どもの貧困白書』明石書店，156-162ページ）
厚生労働省（2015）「ひとり親家庭等の現状について」（「ひとり親家庭・多子世帯等の自立支援に関する関係府省会議」資料3）
子どもの貧困白書編集委員会（2009）『子どもの貧困白書』明石書店
小西祐馬（2003）「生活保護世帯の子どもの生活と意識」（『教育福祉研究』第9号，9-22ページ）
―――（2009）「子どもの貧困を定義する」（子どもの貧困白書編集委員会編『子どもの貧困白

書』明石書店，10-11ページ）
志水宏吉編（2009）『「力のある学校」の探究』大阪大学出版会
内閣府（2016）「平成27年度　子供の貧困の状況と子供の貧困対策の実施状況」http://www8.cao.go.jp/kodomonohinkon/taikou/_joukyo.pdf
長谷川裕（1993）「生活困難層の青年の学校『不適応』」（久冨善之編『豊かさの底辺に生きる』青木書店，107-145ページ）
林明子（2016）『生活保護世帯の子どものライフストーリー――貧困の世代的再生産』勁草書房
保坂亨（2000）『学校を欠席する子どもたち』東京大学出版会
本田麻希子・遠藤麻貴子・中釜洋子（2011）「離婚が子どもと家族に及ぼす影響について――援助実践を視野に入れた文献研究」（『東京大学大学院教育学研究科紀要』第51巻，269-286ページ）
道中隆（2009）『生活保護と日本型ワーキングプア――貧困の固定化と世代間継承』ミネルヴァ書房
盛満弥生（2011）「学校における貧困の表れとその不可視化――生活保護世帯出身生徒の学校生活を事例に」（『教育社会学研究』第88号，273-294ページ）
幸重忠孝（2016）「子どもの貧困状態を模擬体験してみよう」（松本伊智朗ほか編『子どもの貧困ハンドブック』かもがわ出版，62-65ページ）
Spicker, Paul（2007=2008）*The Idea of Poverty*, The Policy Press.（ポール・スピッカー『貧困の概念――理解と応答のために』圷洋一監訳，生活書院）
Ridge, Tess（2002=2010）*Childhood Poverty and Social Exclusion*, The Policy Press.（テス・リッジ『子どもの貧困と社会的排除』中村好孝・松田洋介・渡辺雅男訳，桜井書店）

第6章
学校の外で学ぶ子どもたち

「今日も隣の席のあの子がいない」

小学校や中学校,あるいは高校の教室で,そんな経験をしたことはないだろうか。学校をずっと休んでいたり,休みがちであったりする「不登校」[1]の子どもは,中学校ではクラスに1人の割合でいるといわれている。あなたはそのクラスメイトについて,友だちだったので,なぜ学校に来ないのか気になっていたかもしれない。あるいは,よく知らない子だったので,あまり関心をもっていなかったかもしれない。

いずれにしろ,皆さんは知っていただろうか。その子が学校に行っていない時間をどのように過ごしていたのか。また,中学校を卒業した後や高校を中退した後は,どんな生活を送っていたのか。

その子は学校に行っていない時間,学校に来ていた同級生たちとは違うかたちで学び続けていたかもしれない。また,中学校卒業後や高校中退後も,別の学校や学校外の場で学び続けていたかもしれない。

この章では,不登校の子どもたちに学びの機会を提供する「学校外の学びの場」に注目し,そこで子どもたちがどんな学びを経験することになるのかについてみていこう。

1. 小学校・中学校の外で学ぶ子どもたち

　まず，不登校の小学生・中学生たちは学校に行かないあいだ，どのように学んでいるのかについてみていきたい。

　日本では不登校の子どもの一定数が，学校がある時間帯に，不登校の子どもを受け入れる学校外の学びの場へと通っている。そうした学びの場の代表的なものとしては，市区町村などの地方自治体が設置している教育支援センター（適応指導教室）と，民間の教育施設であるフリースクール（またはフリースペース）の二つが挙げられる。

　では，どれくらいの割合の不登校の子どもが，これらの学びの場に通っているのだろうか。ここで，1993年度と2006年度当時中学校3年生であった不登校経験者を対象に文部科学省がおこなった追跡調査（以下，不登校追跡調査）の結果を確認しておきたい。**図6-1**は，中学校3年生のときに教育支援センターやフリースクールに通っていた人の割合である。2006年度に中学校3年生だった不登校経験者の3割弱が，当時教育支援センターやフリースクールなどの学校外の学びの場に通っていたと回答している。

　教育支援センターやフリースクールは，一定数の不登校の子どもに学びの機会を提供する場として，重要な役割を果たしているといえる。以下では，これらの二つの学びの場の特徴について簡単に解説しておきたい。

図6-1　学校外の学びの場に通っていた割合

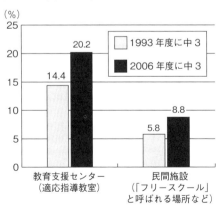

（出所）文部科学省（2014）をもとに作成。

(1) 教育支援センター

　教育支援センターは，小・中学校段階の不登校の子どもを受け入れることを目的として，主に市区町村の教育委員会によって設置・運営されている公的な学びの場である。かつては適応指導教室と呼ばれていたが，2003年からは公的には主に教育支援センターと呼ばれるようになった。

　教育支援センターは，学校外に設置される場合もあれば，学校の空き教室を利用している場合もある。スタッフは主に教師経験者などが務めている。2015年度においては全国で1347の機関が設置されており，1万6113人の小・中学生が相談・指導などを受けている（文部科学省「児童生徒の問題行動等生徒指導上の諸問題に関する調査」より）。

　教育支援センターは，公的な機関ではあるが，学校教育法で定められた「学校」ではない。そのため，それぞれの機関が制度上の縛りのゆるさを活かして，開始時間を普通の学校より遅くしたり，時刻通りの来所・退所や活動への参加を強制しないようにするなど，不登校の子どもが通いやすくなるようにさまざまな工夫をおこなっている。

　教育支援センターでは，教科指導をはじめとしたさまざまな活動がおこなわれている。教科指導はほとんどの機関がおこなっているが，通ってくる子どもたちは年齢も学力も多様であるため，一斉指導の形式はとらず，個別指導が中心になる場合が多い（伊藤 2009）。その代わりに，スポーツや調理実習，自然体験や遠足などが集団活動として実施されている（伊藤 2009）。また，多くの機関で臨床心理士などが来所し，子どもたちとのカウンセリングをおこなっている。

　文部科学省の定義によると，教育支援センターの目的は子どもたちの学校生活への復帰を支援することだとされている。しかし，全国の教育支援センターを対象とした調査の結果では，子どもたちの学校への復帰を第一の目的としていると回答した機関は39.2％のみであった（伊藤 2009）。一方で，安心

して過ごせる「居場所」の提供や，子どもたちの自主性・自発性の獲得，自尊感情の向上などを第一の目的として挙げる機関も多かった（伊藤 2009）。学校復帰にこだわらず，まずは子どもたちに居場所を提供し，自信を取り戻し自己実現していくための支援をしていくことが重要だと考えている機関も多い状況にある。

(2) フリースクール

　フリースクールは，主に不登校の子どもたちを受け入れ，学びの場や居場所としての役割を担う民間の施設である。学びの機会の提供よりも，子どもたちの居場所であることに重点を置く施設については，「フリースペース」と名乗っている場合もある。

　これまで，施設数や在籍者数，活動実態などについて，フリースクールに限定した公的な調査結果は公表されてこなかった。ただし，2011年度の時点では全国でおよそ436施設が存在するという推計が出されている（本山 2011）。その規模や活動実態は非常に多様であり，マンションやビルの一室で運営している小規模なフリースクールもあれば，100人以上が在籍している大規模なフリースクールもある。

　日本のフリースクールの草分けとなったのは1985年に開設された「東京シューレ」である。東京シューレの特徴としては，(1) 子ども自身の自己決定を尊重し，髪型や服装，来る時間・帰る時間，何の活動に参加するかなどはすべて子ども自身が決める，(2) 子どもが中心となって運営をおこない，学習やイベントなどの活動内容は子どもたちが話し合って決定する，などが挙げられる（奥地 2005）。具体的な活動としては，教科学習のほか，ダンスや打楽器，手話やキャンプ，ハロウィンパーティー，海外のオルタナティブ・スクールとの交流などがおこなわれている。

　こうした子どもの「自由」と「自己決定」を尊重する方針は，ほかの多く

のフリースクールにも引き継がれている。また，東京シューレをはじめとした多くのフリースクールでは，学校に復帰することを目的とはせず，子どもがオルタナティブな学び（学校とは異なるかたちでの学び）を続けることを肯定している。そのため，学校の教科学習の内容のみに縛られない多様な活動を子どもたちが自ら企画し実施するという活動のあり方が尊重されている。

フリースクールは，学校教育法で定められた「学校」ではなく公的な機関でもないため，教育支援センターよりもさらに自由に活動を組織することができる。ただし，フリースクールは公的な機関でないがための困難もかかえている。フリースクールでは公的な資金援助が得られないことも多く，保護者は子どもを通わせるために月々の会費を支払わなければならない。月々の会費は2〜3万円の施設が多く（本山 2011），経済的困難に直面している家庭は，子どもをフリースクールに通わせることが難しい状態にある。

なおフリースクールは，教育支援センターとは異なり，中学校を卒業した子どもたちが，そのまま主な学びの場として通い続けることが可能である。フリースクールに通う子どものなかには，通信制高校に通いながら，そこでの個人学習をフリースクールでおこなっている子どももいる。

(3) フリースクールでのオルタナティブな学び

フリースクールでは，子どもたちは学校で教えられる教科の学習に取り組むだけでなく，多様な活動やイベントを自ら企画し実施している。こうした活動に熱心に取り組む子どもたちについて，「ただ遊んでいるだけ」と否定的な見方をする人もいるかもしれない。しかし，そうした子どもたちは，その活動を通して何も学んでいないといえるのだろうか。

藤根（2016）は，フリースクールでの参与観察を通して，子どもたちがみかん狩りや室内ロッククライミングなどのイベントを企画・実施する道のりのなかで，さまざまな交渉や意見のすり合わせ，記録などをおこなっている

ようすを描いている。イベントを開催するにあたっては，自分たちが何をしたくて，そのためにどのような情報や判断が必要なのかを子どもたち自らが検討していくことになる。また，意見が対立したときには，お互いの意見を出し合い，すり合わせをおこなっていく必要がある。さらには，企画が実現できるかについてスタッフと交渉していくことになる。そうした交渉や意見のすり合わせの過程はノートに記録され，のちの活動に役立てられていく（藤根 2016）。

こうした交渉や意見のすり合わせ，記録などの実践は，子どもたちにさまざまな知識を与えるはずである。また，得られた知識をどう使うかということについて，実践しながら学んでいるとも考えられるのではないだろうか。そこで得られる知識は，学校での体系立った教科学習のなかで得られる知識（「**教育的知識**」ともいわれる）とはきれいに合致しないかもしれないが，子どもたちは学校で教育的知識を学ぶときよりも，より日常に沿ったかたちで知識やその活用方法を学んでいるといえるだろう。

(4) 家で学ぶ子どもたち，家で学べない子どもたち

ところで先述の不登校追跡調査では，教育支援センターやフリースクールなどの学校外の学びの場に通っていなかった者も約7割いた。そうした子どもたちは不登校のあいだ，どのように学んでいるのだろうか。

もちろん，学校外の学びの場に通わなくても，学びの機会を得ていた子どもは一定数いる。たとえば不登校のあいだも塾には通っていたという子どもは少なからずいる。また，塾に通うことに抵抗がある子どものなかには，家で自主学習をおこなっていた子どももいる。なかには家庭教師や「メンタルフレンド」（児童相談所が実施している学生ボランティアによる訪問型支援）などの人々から，家で学習指導を受けている子どももいる。

しかし同時に，不登校のあいだ，学びから遠ざかっている子どもたちも少

なくない。その理由には、子ども自身が勉強に対して拒否感を抱いているということもあるかもしれない。しかし一方で、家庭に養育上の課題があり、そもそも保護者から学習を促されなかったり、自宅で学びに取り組めるような環境が整っていなかったりする場合もある。そうした子どものなかには、家の外に出たり、何かを体験したり、家族以外の誰かと話したりといった、日々の生活を通した学びの機会すら十分に得ることができない子どももいる。

家庭の養育上の課題という点については、これまで、家庭の貧困や児童虐待、家族の病気などが、子どもたちが不登校に至る重要な背景のひとつになっていることも明らかにされてきた(伊藤 2016)。しかし、心のケアが必要とされるような「神経症型不登校」の子どもが注目される一方で、恵まれない家庭に育ち、非行を含めた怠学のかたちで登校しなくなっている「脱落型不登校」の子どもの存在は、不登校の子どもへの支援のなかで見逃されがちであった(保坂 2000)。不登校の問題は、脱落型不登校の子どもたちが学びの機会を十分に得られているか、さらには教育を受ける権利が保障されているかという観点からもとらえていく必要がある(酒井・川畑 2011)。

2. 高校の外で学ぶ子どもたち

不登校の子どもの多くは、中学校を卒業した後も学びを続けていくことになる。というのも、大多数の不登校の子どもは、高校をはじめとした学校や、学校外の学びの場に通うためである。

先述の不登校追跡調査によれば、2006年度に中学校3年生だった不登校経験者の85.1％が、中学校卒業後に高校などの学校に進学している(**図6-2**)。また、20歳時点で大学または短大に在学している者は22.6％、専修学校(専門学校)・各種学校に在学している者は14.9％おり、その他の学校(高校や高等

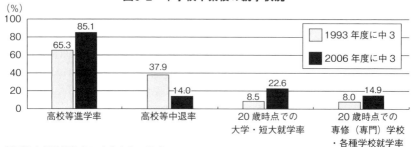

図6-2 中学校卒業後の就学状況

（出所）文部科学省（2014）をもとに作成。

専門学校など）も含めると，20歳時点では46.7％がなんらかの学校に在学している。

このほかにも，フリースクールに通っていた中学生が，中学校を卒業した後も同じフリースクールに通い続ける場合がある。中学校のとき不登校であっても，多くの子どもたちは，卒業後は上級の学校や学校外の学びの場に通うことを選んでいる。

では，不登校の子どもたちは中学校卒業後，どんな学校に進学することが多いのだろうか。全日制高校に進学する子どもも一定数いるが，定時制高校や通信制高校に進学することになる子どもも多い。加えて，高等専修学校（専修学校高等課程）や技能連携校といった学校も，それらの学校がある地域では，不登校経験がある子どもの重要な進学先となってきた。

また，こうした学校や教育施設は，高校で不登校になった子どもも多く受け入れてきた。とくに通信制高校では，高校で不登校になり，在籍している高校から転入学したり，高校を一度中退してから編入学したりした生徒が，在籍者のかなりの割合を占めている。

不登校経験がある子どもがこうした全日制高校以外の学びの場に進学する理由は，大きく分けて二つある。ひとつは消極的な理由になるが，不登校を続けることで中学校や高校の調査書（内申書）の評定が低くなり，全日制高校の入学試験や転入学試験を受けても不合格になる可能性が高いからである。

もうひとつは積極的な理由であり，前述の全日制高校以外の学校では，不登校経験がある子どもが多く集まることから，学力面や心理面でのサポート体制が充実しているためである。
　とくに近年では，不登校経験がある子どもを積極的に受け入れようとする学びの場が数多く新設されてきた。たとえば公立では，夜間定時制高校を廃止する代わりに，東京都のチャレンジスクールや埼玉県のパレットスクールをはじめとした昼夜間定時制高校（昼間の時間を含む多部制の定時制高校）が新設されてきた。これらの高校ではスクールカウンセラーの常駐体制を整えるなど，不登校経験者を受け入れる姿勢を積極的に打ち出している（山田 2010）。
　また近年の動向としては，サポート校の急増も見逃すことができない。サポート校は，正規の学校ではないにもかかわらず，不登校経験者を含む多くの子どもを受け入れ，学びの機会を提供してきた。では，サポート校とはどのような場所なのだろうか。

(1)　サポート校

　サポート校は，通信制高校に通う生徒が，通信制高校をより確実に卒業できるよう，学校の形態で学習・生活面での支援をおこなう民間の教育施設である。
　サポート校が登場した背景には，通信制高校を卒業することの難しさがある。通信制高校を卒業するためには自学自習に対しての強い意志が必要であり，独力で月々のレポートや試験をクリアしていかなければならない。また，学校に通う機会は週1回程度の教科指導（スクーリング）のみであり，学校内で友だちができにくい（奥地 2005；伊藤 2009）。そうした生徒たちの困難を受けて，本人が希望すれば毎日通うこともでき，通信制高校での課題や試験をクリアできるよう授業を提供するサポート校が，各地に設立されていった。生徒たちは，スクーリングや試験の際には通信制高校に足を運ぶが，日常的

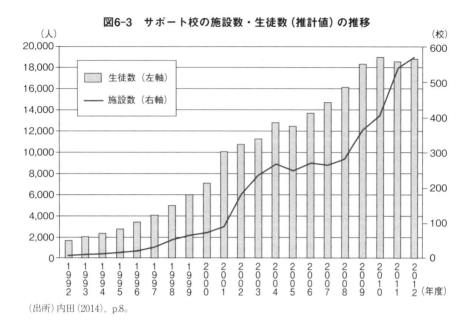

図6-3 サポート校の施設数・生徒数（推計値）の推移

（出所）内田（2014），p.8。

にはサポート校で勉強をおこなっている。

　1992年にはじめてのサポート校が設立されて以降，その数は一気に増加した。サポート校は民間の教育施設であるため，施設数や生徒数などについての公的な全国調査はおこなわれていない。しかし，内田康弘（2014）の推計によれば2012年度には全国に少なくとも569校のサポート校が存在し，約1万8800人が在籍しているという（**図6-3**）。

(2) サポート校での本人のニーズに合わせた学び

　では，サポート校に通う子どもたちは，日々どのように学んでいるのだろうか。その特徴を一言であらわすなら，「本人のニーズに合わせた学び」ということになるだろう。

　サポート校は学校教育法で規定された「学校」ではないため，運営面での

自由度が高い。また，生徒たちがめざしているのは通信制高校の卒業であるため，サポート校自体に毎日通って卒業単位を取得しなければならないわけではない。そのため多くのサポート校では，毎日通えるコースだけでなく週1～4日通うコースも設置し，生徒が通う日数や履修する授業を選べるようにしている。全日制高校と同じように毎日通って勉強したいという子どもにも，学校に毎日通えるかどうか不安だ，あるいは高校の教科学習以外のこともやりたいという子どもにも，柔軟に対応できるシステムになっている。

　開講されている授業の内容も多様であり，通信制高校の課題や試験をクリアするための授業だけでなく，プラスアルファの学びとして，大学進学に向けた，より高度なレベルの教科の授業を開講しているところも多い。同時に，保育，音楽，ファッション，マンガ・アニメ，声優，フットサルなどの選択授業を設けているサポート校も多数ある。また多くのサポート校では，高校と同じように文化祭・修学旅行などの行事や部活動がおこなわれている。これらの授業や特別活動・課外活動に参加するかどうかは生徒本人の選択に任されており，生徒たちは高校などの学校に通う場合よりも柔軟に，自らのニーズに合った学びを選択することができる。

　しかし，こうしたサポート校には誰もが通えるわけではない。サポート校は民間の教育施設であるため，公的な資金援助はおこなわれておらず，学費も高等学校等就学支援金の対象にはならない。そのため，サポート校への初年度納入金は平均すると80万円程度であり，さらに通信制高校の学費を納めなければならない場合がある（伊藤 2017）。サポート校への通学は，経済的に余裕がない家庭の子どもには選ぶことが難しい選択肢となっている。

3. 学校外での学びをめぐる二つの留意点

　この章では，教育支援センターやフリースクール，サポート校といった，不登校の子どもたちが学ぶ学校外の学びの場を紹介してきた。これらの学びの場は，小学校→中学校→全日制高校と進学した子どもたちには得られないかもしれない，別様の学びの経験を子どもたちに提供している。

　そうした別様な学びの経験は，子どもたちにとって武器になるかもしれない。たとえば，フリースクールで自らイベントを企画・実施するなかで得た知識やその使い方は，将来イベントを企画・実施する仕事に就いた場合には大いに役立つかもしれない。また，サポート校で保育，音楽，ファッションなどを学んだ経験が仕事のなかで役立ったり，日常生活を豊かにしてくれたりするかもしれない。

　ほかにも，「不登校であること」にはさまざまな別様の学びのプロセスがともなっている。不登校の子どもたちは，学校に行かなかったり，学校外の学びの場に通ったりするなかで，学校に通い続けている人には起こらないさまざまな経験をすることになる。そうした経験や，そのなかで生じる葛藤は，学校に通い続けている人には経験できない気づきや，「学校って何だろう」という常識の相対化のプロセスにつながるものである。

　しかし，こうした学校外での別様な学びが，すべての不登校の子どもにとって将来の武器になるとは限らない。最後に，留意しておかなければならない二つの点と，そこから浮かび上がる論点を挙げておきたい。

　ひとつめの留意点は，そうした別様の学びの経験が，進学や就職活動の際に評価されにくいということである。

　先ほど述べたように，不登校の子どもたちは，中学校や高校での調査書の評定が低くなり，全日制高校への入学（ないし転入学）が難しくなる。これはつまり，教育支援センターやフリースクールでの学びや，「不登校であるこ

と」を通して得た学びが，学校での教科学習で得た知識とは同等の評価を受けていないということである。また大学進学においても，全体的には推薦入試やAO入試を導入する大学が増えているものの，入学難易度が高い大学（とくに国公立大学）では，いまだに圧倒的多数の学生が学力試験によって入学している（中村 2011）。入学難易度が高い大学ほど，高校での教科学習の内容をどれだけ習得したかが入学者選抜の際に重視されており，不登校の子どもたちが経験する別様な学びは評価されていないといえる。

　また，学校ではなく学校外の学びの場に通い続けたことで，正社員としての就職が難しくなるという困難もある。というのも，日本には学校に在学し卒業することが企業への正社員就職の必要条件になるような，新規学卒就職 – 採用（詳しくは第10章）のしくみが根強く存在しているからである。

　不登校の子どもが得る別様の学びは，高い学歴を取得しようとする際には評価されない。また，日本では「どこで学ぶ」か（＝学校に通っているか）が重視されるため，学校外の学びの場に通い続けることが，就職活動の際に不利に働く場合がある。そのため不登校経験者は，学歴取得の上で不利益を被ったり，高い賃金が得られる仕事に就きにくくなったりする。こうした状況について，皆さんは妥当だと思うだろうか。それとも，もっと多様な学びを評価する方向へと社会が変わっていくべきだと思うだろうか。

　二つめの留意点は，同じ不登校の子どものなかにも，学校外の学びの場を自由に選択し利用できる子どもと，そうでない子どもがいるということである。

　先述したように，フリースクールやサポート校に通うには学費がかかるため，経済的に余裕のない家庭の子どもは通うことが難しい。また，保護者が子どもの教育に熱心でない場合，これらの学校外の学びの場の存在に気づかないかもしれない。さらには，教育支援センターやサポート校などの場合，非行傾向がある不登校の子どもの受け入れを拒否するところがあることも指摘されている（樋口 2011；伊藤 2017）。

養育上の課題をかかえた家庭に育ったり，そうした背景のなかで非行をするようになったりした「脱落型不登校」の子どもたちの学びの場の選択肢が制限されたり，そもそも学びの機会が十分に保障されなかったりする現状を，皆さんはどう考えるだろうか。誰もが学校外の学びの場を自由に選び，利用できるようにするべきだと思うだろうか。それとも，同じ公的な資金を使うなら，学校で不登校や非行を生まないようにする取り組みに使うべきだと思うだろうか。

WORK

❶　この章では，不登校経験者が仕事を探す上で不利益を被る可能性について取り上げたが，実際に不登校経験者はどんな人生のキャリアを歩んでいるのだろうか。森田（2003）や貴戸（2004）などの文献や，新聞・雑誌の記事などを調べて報告しよう。

❷　中学校や高校で不登校を経験した子どもたちのなかには，サポート校だけでなく，定時制高校や通信制高校，高等専修学校などの学校に入学（転入学）する子どもも多い。これらの学校での不登校の子どもへのサポート体制にはどんな特徴があるか，文献や新聞・雑誌の記事などを調べ，報告しよう。

〈注〉
（1）学校を一定期間欠席している子どもについて，第5章では「学校に『行っていない』」子どもと表記しているが，この章では近年の動向のみについて扱うため，近年一般的に用いられている「不登校」の言葉で統一している。

〈参考文献〉
朝倉景樹（1995）『登校拒否のエスノグラフィー』彩流社
伊藤秀樹（2016）「不登校」（林尚示・伊藤秀樹編著『生徒指導・進路指導――理論と方法』学文

社，108-124ページ）
─── （2017）『高等専修学校における適応と進路──後期中等教育のセーフティネット』東信堂
伊藤美奈子（2009）『不登校　その心もようと支援の実際』金子書房
内田康弘（2014）「私立通信制高校サポート校の誕生とその展開──教育政策との関連に着目して」（『日本通信教育学会研究論集』平成25年度，1-15ページ）
奥地圭子（2005）『不登校という生き方──教育の多様化と子どもの権利』NHKブックス
貴戸理恵（2004）『不登校は終わらない──「選択」の物語から〈当事者〉の語りへ』新曜社
酒井朗（2010）「学校に行かない子ども」（苅谷剛彦・濱名陽子・木村涼子・酒井朗『教育の社会学〔新版〕──〈常識〉の問い方，見直し方』有斐閣，2-65ページ）
酒井朗・川畑俊一（2011）「不登校問題の批判的検討──脱落型不登校の顕在化と支援体制の変化に基づいて」（『大妻女子大学家政系研究紀要』第47号，47-58ページ）
中村高康（2011）『大衆化とメリトクラシー──教育選抜をめぐる試験と推薦のパラドクス』東京大学出版会
樋口くみ子（2011）「教育支援センター（適応指導教室）の排除過程──クレームが顕在化しないメカニズム」（『ソシオロゴス』35号，78-95ページ）
藤根雅之（2016）「制度の外で活動する学びの場を制度化する上でのジレンマ──フリースクールのローカルなリテラシー実践から」（岩槻知也編著『社会的困難を生きる若者と学習支援──リテラシーを育む基礎教育の保障に向けて』明石書店，231-248ページ）
保坂亨（2000）『学校を欠席する子どもたち──長期欠席・不登校から学校教育を考える』東京大学出版会
堀切昌美（2011）『ドロップアウト復活戦──通信制高校サポート校からの提言』文芸社
本山敬祐（2011）「日本におけるフリースクール・教育支援センター（適応指導教室）の設置運営状況」（『東北大学大学院教育学研究科研究年報』第60集第1号，15-34ページ）
森田洋司編著（2003）『不登校―その後──不登校経験者が語る心理と行動の軌跡』教育開発研究所
文部科学省（2010）「児童生徒の問題行動等生徒指導上の諸問題に関する調査──用語の解説」http://www.mext.go.jp/b_menu/toukei/chousa01/shidou/yougo/1267642.htm（2017年4月28日取得）
─── （2014）『不登校に関する実態調査──平成18年度不登校生徒に関する追跡調査報告書』
山田哲也（2010）「学校に行くことの意味を問い直す」（若槻健・西田芳正編『教育社会学への招待』大阪大学出版会，77-95ページ）

第Ⅲ部

教育のなかの
「正しさ」を疑う

INTRODUCTION

　私たちは，目の前のできごとや，メディアで報道される事件・事故・現象を「虚心」に見つめることはできない。「虚心」になろうと努力することは重要であるが，「虚心」を完遂することはできない。なぜなら，私たちはあらかじめ，なんらかの知識をもっているし，その意味でなんらかの立場に拠っているからである。

　とりわけ，私たちが「正しい」ものとして信じ切っていることは，私たちの血肉として，ものごとを考える土台になっている。そして教育という営みにおいては，とくにそのことを自覚する必要がある。なぜなら，第一に，教育というのは「正しさ」を伝える営みだからである。だからこそ，ひとたび「正しい」と思い込んでしまえば，その思い込みに気づくのは容易ではない。第二に，私たちは長年にわたって教育を受けてきているからである。幼いころから十数年間，毎日のように学校文化のなかで生活していれば，もはや教育における「正しさ」はすっかり自分の価値観として，心身に刻み込まれている。

　それゆえ，教育を読み解くにあたっては次のことを意識しなければならない。それは「自分の立ち位置を自覚する」ということである。自分の関心は，他の視点と比べてどのような位置にあるのか，どのような特徴をもっているのか。自分の「ポジショナリティ」（立ち位置，立場性），言い換えれば自分の思考の前提となっている「背後仮説」（論者が暗黙裡に設定している枠組み）を問うのである。この問いによって自身の立場が自覚化され，教育に関する理解がいっそう深まるはずである。

そこで，次の問いについて，ぜひいっとき本を置いて，じっくりと考えてほしい。

問い：あなたはテストで40点（100点満点中）をとってしまった。その理由は何だろうか？

さて，どのような理由を思いついただろうか。この問いについて，もっともよく耳にする回答は「勉強不足だったから」である。自分がまじめに勉強しなかったから，自分のせいでこうなってしまった。そしてこれが教育的に「正しい」答えでもある。

こうして「自分のせい」にしてしまう見方を，ここでは「個人の目線」と呼んでおこう。それでは次に，ぜひ皆さんには，「自分のせい」ではない別の理由を考えてほしい。あなたは悪くない。責任転嫁の可能性を探ってみてほしい。

たとえば，このような答えが可能である——「先生の教え方が下手だったから」「テスト直前に友人から遊びの誘いがあったから」。ここでは先生や友人に「40点」の責任が求められている。これを「二者関係の目線」と呼ぶことにしよう。この「個人の目線」と「二者関係の目線」こそが，「半径5メートル」の世界である。

さらにここで，より広い視野から「40点」の理由を探ってみてほしい。たとえば「授業中にみんながうるさくて，授業に集中できなかった」「毎日部活動で疲れて勉強する余裕がなかった」などが考えられる。これを「環境の

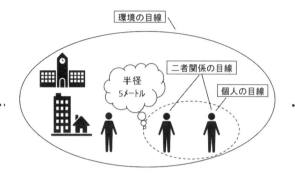

目線」と名づけよう。

以上,「40点」の理由を個人から二者関係,環境へと広げていった。この第Ⅲ部では,自分が信じている「半径5メートル」の正しさを壊すために,幅広い視野,とくに環境の目線から,じっくりと教育現象に向きあってほしいと思う。

まず第7章「『英語は全員が学ぶもの』という自明性を疑う」では,私たちには英語教育が必要であるという「正しさ」に斬り込み,英語教育の歴史を振り返りながら,その自明性を解きほどいていく。続く第8章「部活動は学校において合理的な活動か？」では,学校の部活動が,実質的にはさまざまな非合理性をかかえつつも,それが合理的であるという「正しさ」により維持されている点が説明される。そして第9章「子どもの安全・安心を脅かす『教育』」では,「教育」そのものの「正しさ」について,子どもの安全にかかわる諸課題を手がかりにして,その危うさを明らかにしていく。これらの三つの章を通して,私たちが長年のあいだに培ってきた教育の「正しさ」を相対化し,多角的な視野から教育現象を読み解く力をつけてほしい。

(内田　良)

各章キーワード

　　第7章　英語教育,カリキュラムの粘着性,教育課程の経路依存性
　　第8章　部活動,合理性神話,組織社会学
　　第9章　リスク,学校安全,体罰

第7章

「英語は全員が学ぶもの」という自明性を疑う

1.「英語を学ぶのは当然」という状況はいつから？

　中学校時代のことを思い出してほしい。中学に入ったとたん，英語（正式名称としては「外国語」）という教科を新たに勉強するはめになったと思う。いや，もう少し若い方なら，小学校ですでに英語の時間があったかもしれない。いずれにせよ，遅くとも中学に入ったら英語を「強制」されるのは，私たちにとってごく当たり前の経験だろう。

　しかしながら，昔から当たり前だったわけではない。戦前は小学校（尋常小学校・国民学校初等科）までが義務教育で，その小学校に英語の時間はなかった。さらに，小学校卒業後に進学した者であっても，多くは英語を学ばなかった。旧制の中等教育学校には，高等小学校や実業学校のように，英語を課さない学校も多かったからである。このように，戦前は多くの人が英語をいっさい学ぶことなしに学校生活を終えたのである。

　では，英語が中学校で必修になったのはいつごろだろうか？　だいたいのイメージでよいので，次のなかから選んでみてほしい。

(a) 本土が連合国（GHQ）に占領されていたころ（1945〜52年）
(b) 高度成長期の前後（1952〜69年）
(c) 昭和後期（1970〜88年）
(d) 平成初期（1989〜2000年）
(e) 21世紀以降（2001年〜）

　この問いに正しく答えられる人は，じつはほとんどいない。英語教育の関係者ですら少ないはずだ。正解は，意外中の意外である（e）「21世紀以降」だからだ。2002年に新たな学習指導要領が施行されたことで，「外国語」ははじめて必修教科の仲間入りを果たした。逆に言うと，2001年以前は制度上，選択教科だった。つまり，学んでも学ばなくても，どちらでもよい教科だったのである。

　この話を昭和生まれの人にすると，しばしば大きな反発を受ける。いわく「そんなはずがない！　中学に入ったら強制的に英語をやらされた！　選択の余地はなかった！」と。そうした違和感はもっともだ。制度上はたしかに2001年まで選択教科だったものの，実際の運用では，はるか以前から全員に課していたからだ。つまり事実上の必修教科扱いである。

　この後で詳しく述べるが，終戦直後の1947年に新制中学校が発足した当初，英語は文字通り選択教科だった。履修しない生徒が大量に存在したからだ。しかしながら，その後，履修率は急激に上昇していく。そして履修率が100％に近づき，事実上の必修教科化が完成するのは，だいたい1970年前後のことである。

　ここから2002年までの約30年間，中学校のカリキュラムは，みごとに本音と建て前が乖離してきたことになる。つまり，実態としてはほぼ全員が英語を学んでいるのに，制度上は選択教科のままだったということである。

　なぜこのような謎めいたことが起きたのだろうか。もちろん，その背景には多様な原因があったのだが，本章で焦点を当てたいのは，1970年ごろの

事実上の必修化が，30年以上，時代を先取りしてしまったという側面である。

つまり，「英語は全員に学ばせるべし」という正当性が公式に打ち立てられるはるか前に，「全員が学ぶ」という非公式の慣習ができあがってしまったということである。教育現象のなかでは，非公式の制度・慣習がいつの間にか創出され，それが公式の制度にまで深い影響を与えるという事例は枚挙にいとまがない（後述する）。本章では，拙著『「なんで英語やるの？」の戦後史』[1]に依拠しながら，私たち誰もがなじみのある「中学校英語科」に焦点を当て，こうした日常的な教育現象にもそのようなダイナミズムが働いていたことを示したい。

2. 中学校英語の戦後史

まず，歴史的推移を見ていこう。中学校英語の教育課程上の位置づけが戦後どのように変遷してきたか，**図7-1**に整理した。なお，時代（そして学習指導要領）によって，「科目」「教科」という用語の使い方に揺れがみられるが，本章では以下，すべて「科目」で統一する。

(1) 戦前〜終戦直後

前述の通り，戦前から終戦直後の1946年度までは旧学制下であり，中等教育に進学した人の一部だけが英語を履修していた。その中心は旧制中学校と高等女学校の生徒である。一方，義務教育終了後に進学しなかった人はもちろん，その他の中等教育学校（たとえば高等小学校，実業学校，青年学校）に進んだ多くも英語を学ばなかった。その意味で，戦前における英語は，一部の人だけが学ぶということが当然視されていた教育内容だった。

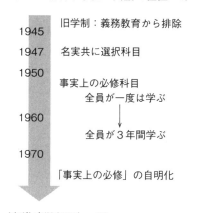

図7-1　新制中学校の英語の位置づけ

（出所）寺沢（2015），p.22。

　1947年，学制改革により新制中学校が誕生した。義務教育課程に，はじめて公式に英語が入った瞬間である（なお正式な科目名としては「外国語」だが，本章では原則として「英語」と表現する）。義務教育に入ったといっても，突如「全員が学ぶ科目」に生まれ変わったわけではない。当時，英語の位置づけは選択科目であり，履修するかしないかは建て前上，生徒の選択に委ねられていたからである。

　ただ実際には，生徒の選択がかならずしも反映されていたわけではない。個々の学校が，生徒に代わって英語の開講・不開講を選択するという「逸脱事例」がむしろ一般的だったが，運用上仕方ないものとして黙認されていた。いずれにせよ当時，英語を履修せずに新制中学を卒業していく生徒がいたことは事実であった。こうした生徒は，英語を履修する代わりにその他の科目（商業や農業などの職業科目を含む）を履修した。

　では当時，どのような理念が述べられていたか。1947年度の学習指導要領試案では，おおよそ次のようなことが述べられていた。

- 義務教育では，「社会の要求」と「生徒の興味」に基づいて教育内容が編成されるべきである
- 必修科目は，「公民」を育成する上での社会的必要性が高い科目に限られるべきである
- 英語の必要性には地域差・個人差が大きいので，選択科目にするのが妥当である

つまり，英語はかならずしも社会の多くの人々に必要とされているわけではないので，必修科目にはふさわしくない，選択科目が妥当だという趣旨である。当時の学習指導要領試案が，（法的拘束力はないにせよ）理念として「英語は全員に必要ない」と宣言していたことは重要である。

(2)　1950年代：事実上の必修化の幕開け

　新制中学発足当初の，理念と実態が一致していた時代は，意外にもすぐ終わりを迎える。1950年代に入ると履修者が急増し，多くの中学生が英語学習を経験するようになるからである。後述する1960年代と違い，当時の英語履修率を正確に推計する統計は存在しない。しかしながら，当時の関係者の記録や入手可能な統計をみる限り，たしかに履修者が増え，「事実上の必修科目」になりつつあったことがわかる。

　たとえば，愛知県教育文化研究所が1954年におこなった調査によると，県内の英語履修者は中１でほぼ100％，中２で76％，中３で61％だった。中１ではほぼ全生徒が英語を学んでいたものの，進級とともに履修率が下がることがわかる。当時は高校進学がかならずしも一般的ではなかったため，中学入学当初はとりあえず英語を学ぶが，進学する予定のない生徒は英語をやめて，徐々に別の科目の学習にシフトしていくという状況にあった。

　たしかに50年代は「事実上の必修化」が生まれた時期とは言えるが，あくまで「中学生全員が一度は学ぶ」という意味での必修化であった。今日，自明視されている「中学生全員が３年間学ぶ」という状況が現出するのは，60年代のことである。

(3)　1960年代：事実上の必修化の完成

　前述の通り，60年代には全員が３年間英語を学ぶようになる。そう推測

できるのは以下の統計からである。60年代前半におこなわれた「全国中学校学力調査」の報告書には，全国の英語履修率が掲載されている。その数値をつなぎ合わせると**表7-1**のようになる。

中2の場合，64年にはほぼ全員履修と言ってよい状況である。また中3の場合，64年時点でもわずかに未履修者がいたが，このままの伸びが続いていたとすれば，60年代後半にはほぼ必修化が完了したとみてよいだろう。

ただ，下記の表はあくまで全国平均の履修率なので，少々ミスリーディングである。実際には，事実上の必修化は全国一律に進行したわけではなく，都市部がまず先行し，その後農漁村地域がそれに追いつくかたちで完了した。その状況がよくわかるのが**表7-2**である。これは前述の「全国中学校学力調査」報告書に記載された地域別英語履修状況をもとに，各地の中3の履修率を算出したものである。

表中の住宅市街・工業市街の履修率が示す通り，市街地域では60年代前半にほぼ必修化が完了していた。一方，農漁村地域はそうではなかった。なかでも履修率がもっとも低かったのが「漁村」カテゴリである。1961年に

表7-1 英語履修率の推移

	1961年	1962年	1963年	1964年
中学2年	92%	96%	98%	99%
中学3年	83%	88%	91%	94%

(注1) 1965年以降，英語の調査は実施されていない。
(注2) 中1の履修率は未掲載だが，おそらく100%だったと思われる。
(出所)「全国中学校学力調査報告書」，各年版。

表7-2 地域別・中3英語履修率

	1961年	1962年	1963年	1964年
住宅市街	97%	98%	98%	100%
工業市街	93	95	97	99
農山村	72	76	83	87
純農村	69	77	84	89
漁村	66	73	80	89

(注) 報告書に記載された全12の地域区分のうち5地域を抜粋。
(出所)「全国中学校学力調査報告書」，各年版。

おいて66％と，中3生のうち3人に1人は英語の履修をとりやめていたことがわかる。しかし，その後の3年間で，じつに年7〜9ポイントという非常にハイペースの伸びを見せている。

　この事実は一見すると非常に矛盾に満ちたものである。というのも，当時，国際化や英語使用ニーズ，そして進学ニーズからも遠かった農漁村地域において，英語履修が受け入れられ，その結果，事実上の必修化が生まれたからである。言い換えるなら，「農漁村地域ではなぜ，必要性が定かでない英語が受け入れられ，そして，全員に必要なものだと認識されるようになったのか」という謎である。後述する通り，当時の社会条件にはこの矛盾の解消を促す要因がいくつも存在し，それが一見不合理に見える「事実上の必修化」を軟着陸させるのに役立ったのである。

(4) 1970年代以降

　70年代以降，「中学生全員が3年間，だいたい同質・同量の英語を学ぶ」という状況は次第に自明なものになっていき，「伝統」化していく。以下，その象徴的な事例を2点指摘したい。

　第一に，1975年，雑誌『諸君！』上でおこなわれた参議院議員（当時）の平泉渉と英文学者の渡部昇一との論争である。平泉の主張は，義務教育課程で全員が一律に英語を学んでいる状況はきわめて非効率である，リソースの「選択と集中」が必要だ，そのために希望者だけが履修する制度に改革すべきだというものである。この提案に対し渡部は，英語学習はいわば「国民の教養」であり，全員に課すことに意義があると反論した。その後の展開は割愛するが，この論争で重要なのは以下の3点である。

1. 事実上，全員が英語を学んでいるという事実が（一般誌に載るレベルにまで）共有されていた
2. 戦前や終戦直後には珍しい「英語学習は『国民』全員に必要」とい

うレトリックが展開されていた（そして同誌の読者層にも受け入れられていた）
　3．英語を選択科目に戻すことを提案した平泉ですら，提案の細部をよく読むと，ごく基礎レベルの英語の知識については全員に与えるべきだとしていた

　以上の事実は，当時，賛否はいずれにせよ，事実上の必修化が多くの人々に認識されていたことを示している。

　第二に，1980年代はじめに盛り上がった，中学校英語の授業時間数削減に対する反対運動である。81年度の学習指導要領改訂にともなうカリキュラム変更によって，それ以前は週4時間だった英語が週3時間に削減されることになった。これに対し，英語教員を中心に大々的な反対運動が展開されたのである。ここだけ聞くと，英語教育関係者の「内輪」の運動のように思えるかもしれないが，実際はそれだけにはとどまらなかった。たとえば「中学校英語週三時間に反対する会」（代表・隈部直光）は，保護者や一般人を含む4万人以上の署名を集め，国会請願をおこなった。また熊本県や鹿児島県では，授業時間増を求める県民大会が開かれ，熊本県人吉市議会では英語の授業時間増を求める請願が採択されたほどである。

　ここで注目に値するのが，反対論の根幹をなしていた「週3時間の英語は不平等」という主張である。つまり，授業時数が週3時間に減らされると，家庭学習の比重が大きくなり，塾などに通う余裕のない家庭の子どもは不利になる，このような事態は教育の機会均等に反する，という趣旨である。

　戦後初期にこうした平等観が述べられることはほとんどなかった。むしろ戦後初期には，まったく英語を学ばない中学生もいれば，週5時間以上教えていた学校もあった。戦後初期のほうがはるかに格差は大きかったのである。にもかかわらず，戦後初期にはこうした多様性を「不平等」と認識する視点は浸透していなかった。一方，そのおよそ30年後，（たった？）週1時間の授業時数削減が，機会均等に対する大きな挑戦と受けとめられた。四半世

紀程度のあいだに,「(ほぼ同質・同量の)英語教育を全員が受けるのが望ましい」という意識が,一気に浸透したことになる。そして,その状況が一部崩れた80年代前半,大きな不公平感を生み出したのである。

3. なぜ事実上の必修化は生まれたか

　前節における中学校英語教育の変遷の検討からわかることは,英語という教育内容に対する私たちのまなざしが,わずか30年たらずで大きく変容していることである。つまり,戦後初期の「学んでも学ばなくてもどちらでもよい科目」から,「全員が(ほぼ同質・同量を)学ぶのが望ましい科目」への転換である。

　選択科目としてごく周辺的な位置に追いやられていた英語が,主要科目並みの扱いを受けるまでにアップグレードできたのはなぜだったのか。

　このアップグレードが,明示的なカリキュラム改革の結果ではないことは明らかである。前述の通り,中学校英語科は2002年まで,制度上は選択科目扱いだったからである。したがって,この背後には公式的な制度改革以外の,さまざまな社会的要因が影響していたことが示唆される。「事実上の必修化を促した社会的条件は何だったのか？」——これは優れて教育社会学的な問いだといえる。

　筆者は当時の史資料や統計を分析し,事実上の必修化の追い風になった要因(促進要因),そして逆風になった要因(阻害要因)を特定した[3]。議論の都合上,阻害要因を先に説明した上で,促進要因について論じる。

(1) 阻害要因

　英語科の地位向上を妨げていた主要な要因として，以下の4点が指摘できる。

　　(A) 英語使用のニーズの低さ。とくに都市部以外の地域において顕著
　　(B) 運動の不在。関係者のあいだに，英語を必修科目にすべきだとする認識は広く浸透しておらず，したがって必修化運動に類するものもなかった
　　(C) 選択科目の理念（「社会の要求に応えられない科目は必修にすべきではない」）
　　(D) 農漁村地域の教育条件の未整備

　上記を順に説明していく。まず（A）について。事実上の必修化が生まれたころ，多くの人々にとって英語を使う必要性はほとんどなかったので，社会的ニーズという要因が英語科の価値を高めることはなかった。少なくとも，全員が学ぶことを正当化するものではまったくなかった。

　（B）も同様である。60年代まで，英語教育関係者のなかにも全員に英語を課す必要などないと考える人も多く，その結果として，必修化を要望する運動などは存在しなかった。

　これら二つの阻害要因は結局，最後まで解消されることはなかった。英語使用ニーズの低さは終戦直後だけでなく，70年代以降にも（そして現代にも）つねについてまわってきた問題である。また，関係者が必修化を強く要望したわけでもないのに，事実上の必修化は生まれたことになる。以上のような逆風を相殺し追い風に変えるような，さらに強力な促進要因があったことを窺わせる。

　（C）は，新制中学発足当初に規定された選択科目の位置づけである。つまり，国語や社会といった必修科目と違い，必要としない人も多い英語は選択科目が妥当だとされた。前述の通り，その後も必要性が増加した形跡はな

い。したがって，この理念に対しなんらかの留保をつけない限り，「全員が学ぶ」という状況は正当性を得られなくなってしまう。この理念的な矛盾がどう解決されたかは，次の促進要因の分析で論じる。

　また，(D) 新制中学校，とくに農漁村地域にみられた劣悪な英語教育環境も重要な阻害要因である。これは大別して，物理的な教育条件と生徒側のモチベーションの二つに分けられる。前者は，教員不足をはじめとした教育条件の未整備である。戦後，恒常的な教員不足に見舞われた新制中学校のなかでも英語科はその最たるものだった。というのも，国語や数学とは違い，新制中学の前身である旧制中等教育機関（たとえば高等小学校）の人的リソースをほとんど利用できなかったからである。とりわけ農漁村部での教員不足は深刻をきわめていた。

　一方，後者は，英語学習になんら意義を見いださない学習者の存在であった。英語使用ニーズの低さばかりか，当時の農漁村地域は高校進学率も低かった。したがって「高校受験のために英語が必要だ」という意識すら低かったのである。日常生活にも受験にも必要ない英語を，なぜ学ばなければならないのか，という不信感が学習者を覆っていた時代である。こうした苦境がどのように解消されたかについても，以下の促進要因の節で検討する。

(2) 促進要因

　必修化を促したものとして，以下六つの要因が指摘できる。

　　(a) 高校入試制度改革（1950年代）。戦後初期には，選択科目だからという理由で英語は高校入試の試験科目から除外されていた。しかし50年代半ば以降，多くの都道府県が，なし崩し的に導入を決めた。
　　(b) 人口動態的影響（1960年代）。ベビーブーム世代の入学による生徒数急増にともなう教員採用の変化。その後，生徒数急減による教育環境の改善。

(c) 戦後民主主義の退潮（50年代後半以降）

(d) 農業従事者の減少，若者の離農（50年代後半以降）

(e) 戦後型英語教育目的論の創出（50年代以降）。戦前から有力だった「教養を深めるために英語を学ぶ」という目的論を，新制中学にあてはまるように読み替え，「使う必要がなくても学ぶ価値がある」という点を正当化した。

(f) 科学的英語教育理論の浸透（50年代以降）。英米の最先端の言語学習理論が輸入・受容されたことで，科学的に正しい英語教育が理想とされ，社会的ニーズの問題が後景に退いた。

このうち(a)，(e)そして(f)は，英語教育界固有の学説状況を把握していないと理解しづらい面があるので本章では割愛し，教育社会学的に興味深いと思われる(b)，(c)そして(d)を検討したい。

第一に，(b)の人口動態的影響について。50年代後半から60年代前半にかけて，ベビーブーム世代の入学・卒業のため，小中学校の児童生徒数は急激に増加し，その後すぐに急減に転じた。行政サイドはこの急増に対処するべく多くの教員を採用し，この教員は生徒数減少後も維持されたので，教育環境は飛躍的に改善した。苅谷剛彦が明らかにした通り，今日の義務教育制度（とくに小中学校の標準クラスサイズにかかわる問題）は，当時の人口動態的変動に規定されている。同様のメカニズムが英語科にも働いていた。学校教員需給調査等の統計をみる限り，主要科目のなかで，ベビーブーム世代卒業後にもっとも教員のシェアが拡大したのは英語科である。これによって生じた人的余裕が功を奏し，教員不足にあえいでいた農漁村地域の中学校でも英語授業の新規開講が進み，その結果，履修率が100%に近づいたと考えられる。

第二に，(c)の戦後民主主義の退潮について。「英語科＝選択科目」という図式をもっとも強力に正当化していたのが，戦後初期の学習指導要領試案（1947年度および1951年度）における英語科に関する規定だった。つまり，「社会の要求」「生徒の興味」が多様であることに鑑みて，英語科は必修にはふ

さわしくないという規定である。この「社会の要求」「生徒の興味」は、まさに戦後民主主義を反映した理念だった。つまり、戦前の教育の国家統制に対する反省から、社会や学習者のニーズをまず優先させよという思想である。

しかしながら、このような考え方は、50年代なかばを過ぎると次第に退潮していく。いわゆる「逆コース」の時代である。決定的だったのが58年度から実施された学習指導要領の規定である。この指導要領から、英語科の位置づけに関する規定がいっさいなくなった。「社会の要求に応えられないものは必修とすべきではない」という理念的な重圧が消滅したことを意味する。周辺的位置を余儀なくされていた英語科が、その後、主要科目の一員になるまで成長できたのは、ある意味で戦後民主主義の退潮のおかげであるとも言えるのである。

第三に、(d) 離農化の影響について。高度経済成長期の到来とともに日本の就業構造は大きく変化し、第一次産業従事者は大幅に減少した。その結果、農漁村地域の出身者のなかにも、農漁業を継がず、第二次・第三次産業に従事する若者が急増した。こうした社会変動のなか、戦後初期には大きな説得力をもっていた「農家に英語はいらない」という反・英語学習論は次第に減退していった。さらに、高校進学が全国的に一般化していくなかで、高校入試のために英語を勉強しなくてはならないという必要性も生まれた。もちろん、こうした就業構造の変化が英語科の地位向上を積極的に後押ししたわけではないが、戦後初期に遍在していた「英語を学ばなくてもよい理由」を徐々に潰していったことは大きい。たしかに、これ単体では決定的な要因とは言い難いものの、他の促進要因と相互作用するなかで、重要な働きをしたとは言えるだろう。

4. 歴史によって規定された現在の自明性

　以上の内容を再度整理しよう。1947年，新制中学校の発足により義務教育課程の仲間入りを果たした英語は，名実ともに完全な選択科目だった。しかし50年代・60年代の社会変動により，選択科目という位置づけは有名無実化していった。そして70年前後には「中学生全員が3年間学ぶ」という，今日の私たちになじみのある「英語科」像が完成される。

　ここで重要なのは，中学英語の地位向上を促したのは，英語のニーズが向上したからでもなければ，英語教員が行政に働きかけたからでもない点である。このように英語科の教育内容に深く関連する要因ではなく，もっと外在的な要因——たとえば人口動態や就業構造の変化，戦後民主主義の退潮——が相互に働いたという点が重要である。

　最後に，本章で検討した事例が，教育社会学的にみて重要である点を2点指摘したい。

(1) カリキュラムの粘着性

　第一に，教育制度のもつ粘着性である。制度は一度成立してしまうと，強い現状維持傾向をもつことが知られている[(5)]。このような特性を**制度の粘着性**と呼ぶ。「全員が英語を学ぶのが当然である」という自明性も，この粘着性を端的に示す例だといえる。

　私たちは，英語を全員が学ぶという光景を当たり前のものとして考えている。そればかりか，同じ教室で席を並べている生徒のうち，ある生徒は英語を学び，別の生徒は英語を学ばないという状況などありえないと思うのではないだろうか。仮に文科省が「学びたい人だけが学べばよい」と完全な選択制を導入したとしたら，おそらく多くの人が大きな抵抗を覚えるはずである

——たとえば,「たとえ必要性が定かではないとしても,最初くらいは全員が触れたほうがいいんじゃないか」とか,「学ぶ生徒と学ばない生徒がいるのは教育の機会均等に反する」など。

このような抵抗感が,グローバル化が叫ばれている現代だけではなく,1980年代にすでに見られている点は注目に値する(当時もすでに「国際化」が叫ばれていたものの,平均的に見れば英語使用ニーズは決して高くなかった)。この点を踏まえると,この抵抗感は実際のところ,英語科の教育内容の価値そのものに駆動されているというよりは,制度の粘着性による部分が大きいということが示唆される。つまり「昨日まで全員が学んできたのだから,今後もそうあるべきだ」といった惰性の力によって,特定の教育課程の正当性が担保されるということである。ある教育課程が一度成立してしまうと,それを削減・廃止することは思いのほか困難であるということを示唆している。

(2) 教育課程の経路依存性

以上の粘着性に関する議論は,教育課程の**経路依存性**とも関連が深い。ポール・ピアソンが体系的に論じている通り,経路依存性とは,過去のできごとが現在に大きな影響を及ぼすことを指す[6]。ひとたび制度が特定の条件下で成立すると,自己強化的に制度を維持する力が働き,その後は当初の条件と無関係に(たとえその条件が消失したとしても)その後の発展を左右する。ピアソンの議論は政治学を念頭においたものだが,経路依存性はあらゆるタイプの制度についてまわるもので,教育制度も例外ではない。

たとえば「学級」である。日本の学級制度についていえば,一人の教師が多人数の学習者を同じ場所(=教室)で一斉に教えるという制度は,もともとは効率的な知識伝達・技能伝達を目的として成立した。しかしながら,柳治男によれば,近代以降の発展過程で,農村共同体の価値観との衝突,兵式訓練をはじめとした規律訓練の浸透,児童中心主義をはじめとした種々の教育

言説の影響により，その意味づけが大きく変容した。現代の「学級」が付与されている非常に多様な価値（たとえば，ときに過剰にも思える濃密な人間関係の重視）は，こうした歴史過程を知ることでよりよく理解できる。

　本章の焦点である中学校英語も，経路依存性を鮮やかに示している事例である。前述の通り，1950年代・60年代に事実上の必修化が成立したのは，英語という教育内容の内在的性質ではなく，むしろ教育内容とは関連が薄い外在的な要因の交互作用の結果だった。前節で示した要因のうち，いずれが欠けたとしても，「英語は全員が学ぶもの」という慣習は生まれていなかったかもしれない。

　たとえば以下のような「歴史のもしも」を想像してみよう――ベビーブームがなかったら？　経済成長が伸び悩み，日本が依然「農業国」であり続けていたなら？　関係者の猛反対で，高校入試への英語の導入が見送られていたなら？　いずれかが現実に起こっていたら，「英語は全員が学ぶもの」という状況は生じていなかったかもしれない。この推論をまったくの机上の空論のように感じる人もいるかもしれないが，実際には十分ありえたことだと思われる。じつは1950年代後半，文部省は英語を完全な選択制として運用することを目論んでいたし，また，当時の人々のあいだでも必修化への反発があった（55年の評論家・加藤周一による必修化反対論はとくに有名である）。何よりも戦前は，英語は一部の者だけが学ぶことが標準であり，そうした伝統が戦後に継続されてもなんら不思議ではなかったはずである。

　このように，特定の教育課程に対する私たちのまなざしには，経路依存性が大きく介在している可能性がある。本章では英語科における経路依存性を例証したが，その他の教育内容にも当然そのようなメカニズムは大なり小なり働いていると思われる。

5. 結論

　本章では，私たちの誰もが経験している英語という科目を素材に，「英語は全員が学ぶもの」という自明性が歴史的に創り出されてきた点を示した。戦後の中学英語が示した粘着性，経路依存性は，他の教育内容や，他の教育制度にもしばしば見られると思われる。私たちが受けてきた「いまここ」の教育内容が，歴史によって大きく規定されていることを想像してみることで，教育現象に対するより深い洞察が得られるだろう。

WORK

❶ **各教科がカリキュラム上の正当性を獲得した理由**
　現在の私たちにとって学校で教える・教わることが当たり前と思われている教科であっても，過去をさかのぼるとそうではないかもしれない。英語以外の教科にも，そのような事例があるか調べてみよう。
〈ヒント〉各教科教育学には，その教科の歴史を扱っている研究者がかならず存在する。図書館や文献データベースで「〇〇科教育史」等と題した書籍あるいは論文を検索し，その文献を出発点にするとよい。

❷ **身近な事例から経路依存を考える**
　経路依存性に関する定評のある教科書・理論書であるP.ピアソン著『ポリティクス・イン・タイム』では，経路依存の例として，以下のものが挙げられている（ピアソン 2010, p.29）。
- QWERTY式キーボード
- アメリカにおける軽水炉型原子炉のシェア
- ビデオテープの規格（ベータvs.VHS）

(1) なぜこれらが経路依存の例なのか調べてみよう。
(2) 上記以外で，身のまわりに経路依存の好例となるような教育現象・社会現象はないか考えてみよう。

〈注〉
(1) 寺沢拓敬『「なんで英語やるの？」の戦後史——国民教育としての英語，その伝統の成立過程』研究社，2014年。
(2) 平泉渉・渡部昇一『英語教育大論争』文藝春秋，1975年。
(3) 寺沢，前掲書，第3章～第9章。
(4) 苅谷剛彦『教育と平等——大衆教育社会はいかに生成したか』中央公論新社，2009年。
(5) ポール・ピアソン『ポリティクス・イン・タイム——歴史・制度・社会分析』粕谷祐子・今井真士訳，勁草書房，2010年。
(6) ピアソン，同上書。
(7) 柳治男『「学級」の歴史学——自明視された空間を疑う』講談社，2005年。
(8) 学級を「生活共同体」とみなす言説については，次の文献も参照のこと。高橋克己「学級は"生活共同体"である——クラス集団の成立とゆらぎ」(今津孝次郎・樋田大二郎編『教育言説をどう読むか——教育を語ることばのしくみとはたらき』新曜社，1997年)。
(9) 加藤周一「信州の旅から——英語の義務教育化に対する疑問」『世界』1955年12月号。同「再び英語教育の問題について」『世界』1956年2月号。

〈参考文献〉
香川めい・児玉英靖・相澤真一 (2014)『〈高卒当然社会〉の戦後史』新曜社
苅谷剛彦 (1995)『大衆教育社会のゆくえ——学歴主義と平等神話の戦後史』中公新書
寺沢拓敬 (2015)『「日本人と英語」の社会学——なぜ英語教育論は誤解だらけなのか』研究社
ピアソン, P. (2010)『ポリティクス・イン・タイム——歴史・制度・社会分析』粕谷祐子・今井真士訳，勁草書房
広田照幸 (1999)『日本人のしつけは衰退したか——「教育する家族」のゆくえ』講談社現代新書
———— (2001)『教育言説の歴史社会学』名古屋大学出版会

第8章
部活動は学校において合理的な活動か？

1. 学校にとって「部活動」とは何か

この章の問い：部活動は，学校にとって合理的といえるだろうか？　それとも非合理的といえるだろうか？

　部活動は，それがない学校を探すのが難しいほど，日本中の中学・高校で一般化した教育活動だ。ドラマやアニメで部活動を通した生徒の成長が描かれているのを見ると，一見合理的な活動のように見える。しかし部活動には，それにともなう教員の多忙化のような非合理的な側面もあることに注意しなければならない。学校教育において部活動が合理的かどうかは，単純な問題ではない。この章では，部活動を題材にして，学校教育における合理性をどのようにとらえることができるか考えよう。

　部活動は日本の学校教育において，きわめて一般化した教育活動である。**表8-1**に，中学2年生と高校2年生の部活動への所属についての調査結果を示した。
　ここからは，中高ともに運動部への所属者がもっとも多いことのほか，運動部・文化部を合わせると非常に多くの生徒が部活動に関与していることを読み取ることができる。運動部・文化部の掛け持ちの場合があるため，単純

表8-1　中学2年生・高校2年生の部活動への所属状況(複数回答)

	中学2年生	高校2年生
運動部に所属している	68.6%	50.6%
文化部に所属している	20.2	27.3
部活動には所属していない	8.1	19.0
その他・不明	4.1	4.4
	(N=4493)	(N=5319)

(出所)国立青少年教育振興機構「青少年の体験活動等に関する実態調査(平成26年度調査)」調査結果集計より。

に足すことはできないが、運動部・文化部のいずれかに入っている生徒は中学校で約8〜9割、高校で約7〜8割に達している。

　これだけ部活動が普及しているのは不思議に思える。というのも、学習指導要領には、部活動の実施が明記されていないからである。中学校・高校の学習指導要領(2017年時点で現行のもの)では、総則でのみ部活動に言及されている。下にその言及箇所を抜き出した。

　　生徒の自主的、自発的な参加により行われる部活動については、スポーツや文化及び科学等に親しませ、学習意欲の向上や責任感、連帯感の涵養等に資するものであり、学校教育の一環として、教育課程との関連が図られるよう留意すること。

　「生徒の自主的、自発的な参加により行われる」とあり、あくまで自主的な活動として部活動が位置づけられていることがわかる。その後に続く文言も、実施する場合の方針について述べているだけで、かならず部活動をおこなうようには書かれていない。

　このように、部活動の実施に関する公的な規定は存在しない。では、何が部活動をいまのように普及させたのだろうか。この章では、それを「合理性」というキーワードから考えていきたい。

　部活動が普及したのは、部活動になんらかの合理性があるからだと考えて

みよう。部活動が非合理的なものなら，いまのように普及するとは思えない。たとえば，部活動には，生徒に多様な文化的経験の機会を保障するという意義があると指摘されている（西島 2016）。学校以外の場で文化的な活動をおこなおうとする場合，それには金銭的な負担が必要となる。そのため，経済的に恵まれた家庭の子ほどそういった機会を享受できる可能性は高くなるが，そうでない場合はあきらめざるをえない。それに対して，部活動へ参加するかどうかには経済的な差はあまり見られない（西島 2016, p.28）。文化的経験を得る機会が家庭に委ねられている場合には格差が生まれやすいが，学校が部活動というかたちでそれを提供する限りでは，格差は生じにくいのである。

　このように，部活動には文化的経験の機会保障という面での合理性がある。しかし実際の指導場面を考えると，そういった側面からはみ出す部活動像も見えてくる。「行き過ぎた指導」といわれる場面の存在を思い浮かべてほしい。たんに機会を保障するだけなら，激しい指導はかならずしも必要ではない。部活動は，かならずしも機会保障面での合理性にのみ基づいておこなわれているわけではないのである。

　また，生徒たちが部活動での経験を享受する裏で，教員は多忙な毎日を強いられている。部活動に参加する生徒やその保護者にはあまり認識されていないが，教員の側からすれば部活動は非常に負担の大きいものである（内田 2015）。教員の負担という観点からみれば，学校組織にとって部活動は非合理的な側面ももつ活動なのである。

　この章では，日本の中学・高校において，いかに部活動が普及するに至ったのかを，合理性に関する組織社会学的な見方を紹介しながら考えたい。こうした考え方を身につければ，なぜ見方によっては非合理的な活動が学校によっておこなわれるのか，さらに，ある教育活動がなぜ学校を越えて普及するのかを理解する助けになるだろう。

2. 組織社会学の視座

　前節で示したように，部活動は制度的に不安定な位置にありながらも，ほとんどすべての学校でおこなわれるまでに普及している。なぜ部活動はここまで普及したのだろうか。それを理解するためには，組織社会学における**制度理論**が有用である（なおこの理論は通常「新制度派組織論」や「新制度論」と呼ばれることが多い）。制度理論には，ある実践や構造が，組織を越えて普及するプロセスの分析に蓄積がある。ここでは，官僚制論から制度理論に至るまでの過程を概観した上で，その主要な概念を紹介し，部活動の普及をどのように理解することができるかを考えよう。

(1) 官僚制

　制度理論の説明に移る前に，組織社会学の古典的な議論である官僚制論にふれておこう。**官僚制**は，近代組織の特徴のひとつとして取り上げられることが多い。**マックス・ウェーバー**によると，官僚制は次のような特徴を備えている。すなわち，規則により権限や義務が定められていること，官庁間の階層構造，文書による職務執行，専門的な訓練の必要性，職員が専業であること，などである（Weber 1921-1922=1987, p.7-10）。ウェーバーは，官僚制的組織が他のどんな形態の組織よりも技術的に優れているとした（同 p.33）。

　学校も少なからず官僚制的特徴を有している。学校では時間割や教室，授業を担当する教師があらかじめ決まっており，多くの生徒に対する教授を効率よく進めるためのしくみが機能している。私たちは普段このように見ることは少ないかもしれないが，これらは学校という組織のもつ基本的な特徴である（柳 2005）。

　しかし，このように組織を合理的なものとしてとらえることには問題が指

摘されている。官僚制組織の合理性につきまとう非合理性について、たびたび指摘されているのである。

たとえばマートン (Merton 1949=1961) は、官僚制の逆機能、すなわち、官僚制が組織の立ち行きを危うくする側面を指摘している。官僚制構造は組織の成員に特定の行動を要求するが、官僚制がうまく機能するには、成員たちがそうした要求をきちんと遂行する必要がある。しかし、自分のすべきことに集中しすぎるあまり、本来の目的よりも、それを実現するための手段に重点が置かれるようになることがある。「もともと規則を守ることは一つの手段だと考えられていたのに、それが一つの自己目的に変わるのである」(Merton 1949= 1961, p.183)。こうして官僚制は、組織が本来の目的を達成するのを妨げることがある。

また、学校に限ってみれば、効率的に教育を提供しようとするシステムが、学校に通いたくなかったり、自分のペースで勉強を進めたい子どもの意思を無視してしまうといった、一定の秩序を児童生徒に押しつけてしまう危険もはらんでいる (柳 2005, pp.179-180)。このように、官僚制的な組織運営は、ときに非合理的な帰結をもたらすこともある。

(2) 合理性神話

では、非合理的な側面をもつ官僚制が、なぜ数多くの組織によって採用されてきたのか。この疑問に対する制度理論の回答を見ながら、制度理論の特徴を説明したい。制度理論は、ある組織のあり方が実際に合理的であることよりも、「合理的である」と認知されることに注目する。つまり、「制度理論では、組織における恒常的で反復される生活は、諸個人の自己利害にもとづく計算された行為からではなく、『ものごとの在りかた、あるいは、物事がなされるべき方法』として、適切である (appropriate)、自明である (taken for granted) と認識されることから生じると論じられる」のである (渡辺 2007, p.127)。

今日までの制度理論の発展に大きな影響を与えたのがマイヤーとローワン（Meyer & Rowan 1977）である。マイヤーらは，官僚制が普及した理由を，実質的な合理性とは区別された「合理性神話」という概念で説明しようとした。一見合理的・効率的に見える組織行動は，実際に合理的・効率的であるとは限らない。しかし，当該の組織行動が「合理的だ」「効率的だ」とする社会的な合意は存在する。このような合意をマイヤーらは「神話 (myth)」と呼んだ。その合理性・効率性に関する神話，すなわち**合理性神話**が存在することで，組織は実際の合理性・効率性をいったん置いて，特定の行動を選択することができる。官僚制が多くの組織で採用されたのは，それが「合理的」「効率的」だという神話が受け入れられ，その神話により，採用する組織が正当性を得ることができたからである。

　こうした見方は，官僚制以外の組織のあり方の普及を考えるときにも有効である。学校組織を例にして詳しく説明しよう。まず，学校という文脈において，客観的な合理性を測定するのが簡単ではないことは重要である。このことは企業組織と比較するとわかりやすい。企業の目的を端的に言えば，それは利益を得ることである。利益はお金の量という指標で比較的単純に測定することができるから，どういった戦略や構造が技術的合理性をもつのかは判断が容易である。それに対して学校組織の目標は，生徒の学業達成の向上に限られず，人格形成などの多様で曖昧なものが少なくない。そのため多くの場合，目標が達成できたのかを測定するのは容易ではない。

　加えて，学校がうまく立ち行くためには，外部からの理解や協力といった資源の提供が欠かせない。行政や地域から資源を得るためには，学校自身の教育活動が正しく，優れていることを伝えなくてはならない。ところが，先述のように学校の活動の成果は単純に示すことが難しいため，自分たちの教育活動の正当性・優位性を示すのは容易ではない。その場合，学校はどんな方法をとるだろうか。自力で試行錯誤して教育活動を改善し，それを計測・説明する手段を見つけようとするだろうか。それはあまり効率がよくないだ

ろう。自力で新たな教育活動を生み出すのには時間と労力がかかるし，外部にその活動の有効性を主張しようにも，外から見てその活動が有効であると認められる保証はないからである。

　そこで，学校にとって有効な手段となるのは，合理性神話の存在を利用すること，すなわち，外部ですでに有効とされている活動を採用することである。外部ですでに有効とみなされているならば，学校が自ら有効性を示す必要はない。むしろ，その活動を採用しなかった場合には，学校が怠慢だとする批判さえ出て来うる。つまり，合理性神話の存在を利用し，すでに一定の評価が与えられた活動を採用することで，学校は効率よく自らの教育の有効性を主張することができるのである。

(3)　合理性神話による組織行動の普及

　組織が合理性神話を利用することで，同じような活動が組織を越えて普及することになる。マイヤーらは，「社会における関係的ネットワークが濃く，相互連結的になるにつれて，ますます多くの合理化された神話が現出する」と説明し，「そのうちいくつかは高度に普遍化される」とした (同 p.347)。つまり，社会の組織間の緊密性が増すと，入り組んだ社会関係を統一的かつ効率的に運営できることが期待できるような，なんらかの取り決めや仮定が一種の「社会的フィクション」として必要になり，その結果，特定の組織的行動の有効性が神話として定着していくのである (佐藤・山田 2004, p.187)。そして時には，ある時点でとくに目覚ましい成果をあげた組織がたまたま採用していた慣行や手法が，実際の効果とは別に，生産性の高い効率的なやり方として規格化されたり，教育課程に取り込まれたりすることがある。さらに，マスメディアでそれが取り上げられたりすれば，多くの組織がそれを採用せざるをえなくなってくる (同 p.188)。

　具体例を挙げてみよう。佐藤郁哉 (2005) は，大学で配布される「シラバ

ス」について，制度理論の観点から興味深い指摘をしている。シラバスというのは，もともとはアメリカの大学で，「それぞれの講義担当者が数枚の資料を自分で作って授業の初日などに出席者に対して配布」する，講義の目的や成績評価，参考文献などの詳細な情報を記したものだった。またシラバスとは別に，開講されている講義を一覧にしてまとめた，「コースカタログ」という簡単な冊子があった。日本の大学では，このアメリカのシラバスとコースカタログを組み合わせて分厚い冊子を作成し，シラバスとして学生に配布した（佐藤はこれを「電話帳シラバス」と呼んでいる）。とくに，ある時期にはシラバスの"厚さ"が大学間で競われるような風潮も見られたという。

　この分厚いシラバスの作成には，大学の教育サービス向上だけが企図されていたわけではない。むしろ，教養教育課程や大学の自己評価制度の導入といった大学改革を前にして，「とりあえずある程度の分量のシラバスを資料として用意しておけば文部省（当時）の『おぼえが目出度（めでた）くなる』だろうという判断が働い」たというのが佐藤の見立てである。この例は，教育組織のとる行動が，時に教育の質の向上よりも，周囲から見た望ましさに依存していることを例証するものである。

　以上に見てきたように，制度理論は組織の「合理性」をただちに実質的な効果のあるものとはみなさない。むしろ，なんらかの組織的行動が「合理的」だとする社会的な見方，つまり合理性神話に注目して，組織行動の普及をとらえようとする。次節では，この制度理論の見方を念頭に置きながら，部活動がいかに「合理的」とみなされてきたのかを考えよう。

3. 部活動のもつ合理性

（1） 初期部活動に見いだされた合理性

　部活動は最初，明治期の大学や大学予備門（のちの第一高等学校）で創設されたのち，徐々に旧制中学校（現在の高校に相当）へと伝播していったといわれている。日本の大学にスポーツをもたらしたのは，明治時代に大学に招かれた外国人教師であった。ただし，このときスポーツがおこなわれたのは，教育的意義を認められたからというわけではなく，外国人教師たちの個人的な趣味によるものであった（木下 1970）。集団競技は外国人教員だけでは成り立たないので，学生にルールを覚えさせて参加させたのである。そのため，外国人教員が帰国した後には競技活動が途絶えることが多かった。

　しかし，徐々に部活動に教育的意義が認められるようになっていく。旧制第一高等学校で教えた外国人教師ストレンジは，イギリスのパブリックスクール流の，スポーツの技術や勝敗よりも精神の鍛錬による紳士の育成をめざす理念を広めたといわれている（今村 1970, p.337）。こうしてスポーツに教育的意義が認められ始めると，高等教育機関だけでなく中等教育段階の学校にまで課外スポーツが広まっていった（木下 1971）。教育面での「合理性」が見いだされることで，学校種の区別を越えて課外スポーツが普及したのである。

　また，いまで言う部活動は「校友会」という名称で組織されることが多かった。渡辺融（1978）によれば，校友会の設立は明治25年から34年の10年間に集中しており，ちょうど中学校そのものが増設された時期に当たる（同 p.12）。新しい中学校がつくられる際に，すでにいくつかの学校で存在した校友会活動を模倣したのではないかと思われる。

　先述のように，課外スポーツは教育的意義を認められることで普及した。しかし，いまではあまり考えられないが，部活動が本当に学校教育にとって

表 8-2 「東京朝日新聞」の全国中学校長調査結果

質問：野球の利害について	
利害共にありその比較程度不明	11
害ありて利なし	9
弊害利より更に大なり	64
利ある者	7
利害を認めず	3

質問：野球を行う生徒について	
品行学業不良	47
成績佳良に向かう	1
変化を認めず	7

（出所）「東京朝日新聞」1911年9月19日付朝刊6面より作成。

意義のあるものなのか，疑問が投げかけられたこともあった。それを象徴しているのが，1911（明治44）年の8月から9月にかけて「東京朝日新聞」紙上を中心にくり広げられた「野球害毒論争」である。野球害毒論争とは，当時の中学校でポピュラーだった野球の弊害について，東京朝日新聞紙上の連載をきっかけにおこなわれた論争のことをさす。論争中，同紙は全国の中学校長144人に対し調査をおこなっている。ここでおこなわれた調査から，当時の中学校長が野球に対してもっていた認識を見てとることができる。

表8-2には，「野球の利害について」と「野球を行う生徒について」という質問に対する回答状況をまとめた。ここからは，当時の中学校長たちの野球に対する否定的な見方を確認することができる。「弊害利より更に大なり」と回答した校長がもっとも多いことに注目されたい。当時の校長は，野球には「良いこと（利）」よりも「悪いこと（害）」のほうが大きいと考えていたのである。また，野球をおこなう生徒への評判も芳しくない。もっとも多かったのが「品行学業不良」という回答であり，論争当時，校長たちは野球をおこなう生徒たちに対してよい印象をもっていなかったということができる。

このように戦前の部活動は，教育的意義を認められつつも，その有効性はときに疑問に付されるほど不安定なものであったのである。

(2) 戦後部活動の意味変容

　次に，戦後の部活動がどのように「合理的」なものとみなされてきたのかを確認しよう。部活動の発展の歴史を丹念に追った研究として，中澤篤史(2014)がある。ここでは中澤の整理に依拠して，部活動がいかに議論され，いかに部活動が「合理的」なものとみなされてきたのかを見ていく。

　まず，1945年から53年までの戦後初期は，部活動に対して民主主義的な意義が認められた時期である。民主主義国として再出発した日本では，学校教育において民主主義的要素をどう挿入するかが考えられていた。その際に有効とみなされたのが部活動である。「スポーツ自体が『民主的』で『自主的』なものと見なされたことに加えて，それが民主主義的な人間形成の手段としても効果的だと捉えられた」ことで，スポーツが重視された(同 p.124)。このように，戦後の部活動は，民主主義的に「合理的」な活動とみなされて出発した。

　1954年以降は，64年に開催された東京オリンピックとの関係で部活動がとらえられた。東京オリンピックを控えた時期になると，部活動を選手養成の場として位置づける動きが出てくる。また，選手養成での能力の発達を教育的にも望ましいこととする見方もあった。ただし，この時期の部活動は「一部の選手を中心に活動する傾向を見せ，生徒加入率がやや減少」することとなった(同 p.142)。選手養成の場としての「合理性」は，平等な文化的意義を保障する意味での「合理性」と対立した。このため，部活動を普及させる方向には働かなかったと考えられる。

　東京オリンピック後は，「〈子どもの自主性〉という教育的価値が見いだされるスポーツを，すべての子どもに提供することが目指された」(同 p.144)。選手中心主義が批判されるとともに，必修クラブ活動が導入されるなど，部活動の大衆化への取り組みがおこなわれた。中澤は，戦後初期と同じくこの時期にも，生徒の自主性を重視した民主主義的意義が部活動に見いだされ，

それが部活動の拡大をもたらしたとしている(同上)。

　高度成長期以後は，部活動に対して管理主義的な意義づけがなされた。「教師の言葉に耳を傾けず，指導に手を焼く非行生徒であっても，好きなスポーツであれば自分から自主的に楽しもうとする，だからスポーツを通せば，非行生徒に指導の手を届かせることができる」と考えられたことで，部活動は非行防止手段として位置づけられた(同上)。この結果，部活動加入が奨励あるいは強制され，部活動はさらに普及していった。

　ここまで，中澤(2014)の整理をもとに，部活動に見いだされてきた「合理性」について説明してきた。これらからわかるのは，戦前から現在に至るまで，部活動は実施される時々に合った仕方で，その意義が主張されてきたということである。言い換えれば，時代ごとの教育をめぐる状況の変化に合わせて，部活動のもつとされる「合理性」が自在に調整されることで，継続的に意義のあるものとみなされてきたのである。このことが背景となって，制度的な根拠が曖昧な部活動が今日まで普及してきたと考えられる。

(3)　なぜ学校で「文武両道」が謳われるのか？

　次に，もう少し具体的な部活動像に迫ってみよう。皆さんが通っていた高校で，「文武両道」という言葉が使われるのを聞いたことはないだろうか。この言葉は学校の教育理念や校訓としてよく取り入れられており，「学業とスポーツの両立」を意味することが多い。勉強だけでなくスポーツにも取り組むことを推奨する言葉だが，なぜここで奨励されるのがスポーツなのだろうか。生徒が参加しうる活動はアルバイトなど，他にもたくさんある。ここでは，学校で「文武両道」が語られることのもつ意味について考えてみたい。

　学校で使われる「文武両道」という言葉には，ある特徴がみられる。それは進学校でとくに用いられやすいことである。試みに，各高校が公開しているウェブサイトを見て，「文武両道」に言及のあった学校を，大学進学率の

表8-3 学校ウェブサイトでの「文武両道」への言及の有無

4年制大学進学率	文武両道		
	なし	あり	総計
低	65 (94.2%)	4 (5.8%)	69 (100%)
中	29 (82.9%)	6 (17.1%)	35 (100%)
高	20 (47.6%)	22 (52.4%)	42 (100%)
総計	114 (78.1%)	32 (21.9%)	146 (100%)

(出所) 岐阜県・静岡県の公立高校ウェブサイトの記述をもとに筆者作成。閲覧期間は2013年7月から10月。

高低ごとに集計した(**表8-3**)。表を見ると,大学進学率が高い学校ほど「文武両道」に言及する割合が高い。すなわち,進学校ほど「文武両道」という言葉で自らの教育活動を表現しているということである。典型的には,「わが校は進学校として,例年,東大・京大ほか国公立大学に高い進学実績があります。しかし,勉強ばかりでなく運動部もさかんで,文武両道を実践している調和のとれた高校です」といったかたちで語られることが多い。

参考に,アルバイトに対する進学校の態度を確認しておこう。アルバイトに対する見方はあまりよいものではない。古い数字だが,ある調査によると普通科高校生の約3割が,校則でアルバイトを禁止されていると答えたという(全国高等学校PTA連合会 1999)。同じ調査で,アルバイトを禁止されている専門高校生・総合高校生は1割から2割ほどだったというから,普通高校やそのなかに含まれる進学校は,相対的にみてアルバイトに対して消極的だということができる。

進学校が理念的にスポーツを重視していることは,実際の部活動のあり方にも反映されている。**図8-1**には,大学進学率と部活動加入率(運動部・文化部別)の関係を示した。大学進学率が低い高校では,文化部と運動部それぞれの加入率の分布が重なるところが大きい。しかし大学進学率が高い学校では,多くの学校で運動部の加入率が文化部のそれを上まわっている。つまり,進学校ほど文化部よりも運動部の活動がさかんだということである。

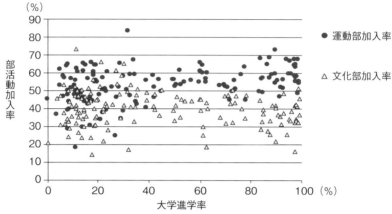

図8-1 部活動加入率と大学進学率の関係

(注) N=146. いずれかの数値が手に入らなかった15校は除外してある。
(出所) 岐阜県・静岡県の公立高校各校の2013年度学校要覧より筆者作成。

　このように進学校は，理念としても実態としても，運動部に重きを置いている。この現象の背後には，「文武両道」が優れた教育実践であるとの社会的な見方，すなわち合理性神話が存在すると考えられる。高校野球などの新聞記事から「文武両道」について述べられたものを探してみると，それが理想的な姿であると称賛する記事が大量に見つかる。たとえば下に挙げた記事が典型的である。

　　安打でも，凡打でも，攻守交代でも，全力でグラウンドを駆ける。昨春，20年ぶりに甲子園に戻ってきた土佐高校野球部は，伝統の「全力疾走」で高校野球ファンをわかせた。野球の古豪であり，毎年東京大学に多くの卒業生を送る，県内屈指の進学校だ。(「高知市・土佐高校　全力疾走　野球も勉強も」「朝日新聞」香川県版，2014年1月28日付朝刊33面)

　記事に表現されているような「勉強だけでなくスポーツでも活躍する学校」は，優れた高校を意味する社会的な物語となりつつある。進学校がスポ

ーツに力を入れていると示すことは，そうした社会的物語＝合理性神話を利用することであり，それを通じて進学校は正当性を得ているのである。

4. まとめ

　本章では，組織社会学，とくに制度理論の見方を借りて，部活動がいかなる意味で「合理的」なものなのか，そしてなぜ部活動が普及したのかを考えてきた。組織は，かならずしも合理的・効率的な行動をとるとは限らない。しかし実際はどうであれ，ある行動が「合理的だ」という見方（合理性神話）ができあがると，その行動は広く普及する可能性が出てくる。部活動が今日まで拡大してきたひとつの要因は，これまでにさまざまなかたちで部活動を「合理的」とみなす見方が生み出されてきたことにあると思われる。そして，学校は部活動に関する合理性神話を利用することで，自分たちの教育の有効性を主張している。

　このように制度理論の特徴は，実質的な合理性と，合理性に関する社会的な見方である合理性神話を区別したことにある。ただし，ここで説明した制度理論は，組織の活動の実質的な合理性を明らかにしないことには注意が必要である。

　とはいえ，少なくとも本章で見てきたようなものの見方は，私たちが普段「合理的」なものと考えている教育活動が，はたして本当に効果があるものなのか，それとも私たちがそう思っているだけなのか，考える機会を与えてくれる。部活動が教員の多忙化や生徒への体罰といった問題をもたらしている状況では，そうした発想がこれまで以上に重要である。

WORK

❶ 自分の通っていた学校や，身のまわりの学校でおこなわれている活動をいくつか取り上げて，それが合理的なものか非合理的なものか，考えてみよう。

❷ 上の課題のなかで，非合理的と思われる活動が見つかったら，それが非合理的であるにもかかわらず，なぜおこなわれているのか考えよう。その活動が，どのような意味で「合理的」なものとしてとらえられているのか考えてみよう。

〈参考文献〉
今村嘉雄（1970）『日本体育史』不昧堂出版
内田良（2015）『教育という病――子どもと先生を苦しめる「教育リスク」』，光文社
木下秀明（1970）『スポーツの近代日本史』杏林書院
―――（1971）「わが国における運動部の成立の変遷」（『体育の科学』1971年11月，684-687ページ）
佐藤郁哉（2005）「大学の歩き方――新制度派組織理論のレンズで見る高等教育機関」（『一橋論叢』第133巻4号）
佐藤郁哉・山田真茂留（2004）『制度と文化――組織を動かす見えない力』日本経済新聞社
全国高等学校PTA連合会（1999）「高校生におけるアルバイト等に関する調査研究」http://www.zenkoupren.org/active/report01.pdf
中澤篤史（2014）『運動部活動の戦後と現在――なぜスポーツは学校教育に結び付けられるのか』青弓社
西島央（2016）「子供を育む運動部活動の意義と社会的役割――教育社会学の観点から」（友添秀則編『運動部活動の理論と実践』大修館書店）
柳治男（2005）『〈学級〉の歴史学――自明視された空間を問う』講談社
渡辺深（2007）『組織社会学』ミネルヴァ書房
渡辺融（1978）「明治期の中学校におけるスポーツ活動」（『体育学紀要』第12号，1-22ページ）
Merton, Robert K.（1949=1961）*Social Theory and Social Structure*, Free Press of Glencoe.（ロバート・K・マートン『社会理論と社会構造』森東吾ほか訳，みすず書房）
Meyer, John W. and Brian Rowan（1977）"Institutionalized Organizations: Formal Structure as Myth and Ceremony" *American Journal of Sociology*. 83（2），pp.340-363.
Weber, Max（1921-1922=1987）"Burokratie," Wirtschaft und Gesellshaft, Verlag von J. C.B. Mohr, Tubingen, Dritter Teil Kap. VI. S.（マックス・ウェーバー『官僚制』阿閉吉男・脇圭平訳，恒星社厚生閣）

第9章

子どもの安全・安心を脅かす「教育」

1. 教育の魔力

(1) 教えることにハマる

　皆さんには自分の趣味と呼べるものはあるだろうか。スポーツでも芸術活動でもよい。そして，その趣味に関する情報を，友だちが「ぜひ知りたい」と言ってきたら，どのような気持ちになるだろうか。

　自分がよく知っていることを人に伝えるのは楽しい。この営みを広く「教育」というならば，「教育」というのは，じつに恐ろしい営みであると言わざるをえない。なぜなら，「教育」はそれを遂行する者を虜にするからである。

　筆者である私自身，大学教員として，教育は日常の業務である。正規の授業を通して学生に教育する。あるいは個別指導というかたちで，学生からの依頼を受けて特別に時間を割いて教育に当たることもある。いずれも，気持ちの上では義務的に携わるのだが，しかしこれが，やっているあいだにだんだんと自分のなかで盛り上がってくることがしばしばある。学生が真剣なまなざしで思考しているときや，「関連する文献を教えてほしい」と学びを深めようとするときなどは，教育者としての喜びを感じる瞬間である。そして，

授業ではなく個別指導のような自由裁量が大きい場合には,「もっと指導すれば,もっと伸ばせる」と欲がわいてくることもある。

部活動(第8章参照)もまた,教師は指導しているあいだに,いつの間にかハマってしまう。まじめに練習させると生徒の技能は上達する。試合に出れば勝ち上がり,生徒さらには保護者も晴れやかな笑顔になり,教師としての信頼も高まっていく。気がつけば平日の早朝や放課後はもちろんのこと,土日祝日や長期休暇も練習に費やし,もう教師も生徒も後戻りできなくなっている。教育は,やっていくうちにハマる。これが恐ろしいのだ。

(2) 教育＝安全？

「教育」という言葉を『広辞苑』(第六版)で引いてみると,「望ましい知識・技能・規範などの学習を促進する意図的な働きかけの諸活動」とある。「教育」とは意図的な働きかけであり,それはなんらかの望ましさを具現するための営みである。学校の管理下の活動は基本的にすべて教育であるから,授業はもちろんのこと,遠足や運動会も,そして廊下ですれ違ったときのあいさつや会釈までも,なんらかの望ましい効果が期待されている。

教育がなんらかの「望ましさ」を具現する営みだとするならば,その担い手である教師のふるまいもまた,「望ましさ」を具現することが期待される。教師の言動は基本的に正しいものであり,子どもの立場やその成長をつねに考慮したものとみなされる。そのふるまいに疑義が挟まれる余地は小さく,そのうちに教師のほうも,次第に子どもに過大な要求をしてしまう。その結果,「教育」や「指導」という営みにおいては,さまざまな問題や苦悩が生み出され,さらにはそれらが一蹴されてしまう危険性がある。

子どもの学校生活にかかわるにあたって,教員には「安全配慮義務」が課されている。それを直接に規定する法律はないものの,文部科学省は,教員には「学校における教育活動及びこれに密接に関連する生活関係における生

徒の安全の確保に配慮すべき義務」(2006年11月21日事務連絡)があるとの見解を示している。また，2008年6月に改正(2009年4月施行)された「学校保健安全法」(旧「学校保健法」)では，学校安全に関する「学校の設置者の責務」が明記され，各学校においては「学校安全計画」の策定と実施が義務づけられており，安全・安心な学校づくりのための諸規定が整備されている。

　学校の教育においては，子どもの安全・安心を確保することが求められる。しかしながら教育は，それが望ましさの象徴であるからこそ，歯止めがかからずに暴走することもある。このとき，子どもの安全・安心を守るための教育は，むしろそれを脅かす存在に化ける。

2.「教育」という正当性

(1) 道徳の授業で語られないもの

　教師のふるまいには「望ましさ」の具現が期待される。その期待が如実にあらわれるのが「道徳」の授業である。

　道徳は，2015年3月に小学校と中学校の学習指導要領の一部改正により，従来の「教科外活動」から「特別の教科」へと格上げされた。小学校では2018年度，中学校では2019年度からこれが完全実施される。「特別の教科」としての道徳科では，教科書が作成され，さらには評価もおこなわれる。数値による評価ではないものの，記述式によって授業内容の理解度が評価される。なお授業者は従来どおり学級担任である。とくに道徳科専門の教師の枠が新たに創設されるわけではない。多くの教師が，自分のクラスの子どもを前にして，格上げされた道徳の内容を教えることになる。

　道徳で教えられる内容は，たとえば中学校の学習指導要領では「自主，自律，自由と責任」「思いやり，感謝」「遵法精神，公徳心」「生命の尊さ」な

ど計22項目に分類される。そこで，子ども間のトラブルである「いじめ」がどれくらい扱われうるかを調べてみると，「中学校学習指導要領解説　特別の教科　道徳編」では計22項目のうち四つの項目に「いじめ」との関連性が示されている。

　ところが道徳科では，いじめを含む子ども間のトラブル（子どもが被害者や加害者になる）が扱われることはあっても，教師が子どもに対してやってはならないふるまいが扱われることはない。道徳科の学習指導要領やその解説には，教師による暴力・暴言などの事案は登場しない。もちろん「体罰」という言葉も見当たらない。

　それどころか，「教師や学校の人々を敬愛し，学級や学校の一員としての自覚をもち，協力し合ってよりよい校風をつくるとともに，様々な集団の意義や集団の中での自分の役割と責任を自覚して集団生活の充実に努めること」（「中学校学習指導要領解説　特別の教科　道徳編」）とある。教師は子どもから敬愛される対象として子どもに提示される。道徳の世界では，教師という存在は批判の対象にはならない。「教育」者である教師は，望ましいふるまいをするものであって，暴力を振るうことも，暴言を吐くことも想定されていない。

　「いじめ」においては，少なくとも教師は直接の加害者ではない。だから，その防止について教育内容として扱うことができる。だが「体罰」は，教師が直接の加害者である。だから，その是非を授業において問うことができないのである。

(2)　学校で伝達される知識

　教育学では，学校で伝達される知識を「**学校知**」（または「教育知」），私たちの普段の経験から得られる知識を「**日常知**」と呼ぶ。教育学においては，1980年代後半ごろから今日に至るまで，「学校知」に対する批判的検討がく

り返されてきた (たとえば安彦 1998)。すなわち,「学校知」は抽象的で記号的な学びに偏向しており,私たちの現実的な感覚に基づいた「日常知」から乖離してしまっている,という主張である。

道徳の授業では,「いじめ」に代表されるように,身近にいる人の心身を傷つけることが具体的な検討課題として扱われる。「いじめ」が教材になるのであれば,「体罰」もまた,学校を舞台にした「日常知」として活用しうる,最適な題材である。「いじめ」も「体罰」も学校で十分に起こりうる事態である。それでも「体罰」という教材は採用されない。教師,ひいては教育行政という権力の所有者が,学校で伝達される知識を選別しているのだ。

マイケル・アップルが指摘したように,学校教育は,あたかも中立的な知識を生徒に提供しているように見える。教科書には中立的観点から事実が並べられていると信じられている。だが,そこで提供されているのは社会的・政治的な文脈を映し出した知識にすぎない。権力は知識を中立的なように装わせることで,社会的・政治的な関係性を維持している (Apple 1979 = 1986)。

学校で伝達される道徳の知識において,教師は敬愛の対象として位置づけられる。さらには,そこで扱われるトラブルの類いはもっぱら子どもどうしのものであって,教師−生徒間のものではない。教師はつねに正しい存在であって,トラブルも間違いも起こすはずがないという前提を,子どもたちは知らず知らずのうちに学習していく。

大学で提供される知識もまた,社会的・政治的な文脈から決して無縁ではない。たとえば,大学でキャリア教育関連の授業を受講すれば,学生は,いつの間にか企業が求める人材へと適応していくことになる。だから,大学教育が権力の構造から自由な位置にいると主張することはできない。だが,それでも「体罰」を含むハラスメントに限っていえば,少なくとも小中高よりは,その問題に自ら向きあっているようにみえる。

大学の構内では「セクシュアル・ハラスメント」「パワー・ハラスメント」「アカデミック・ハラスメント」「アルコール・ハラスメント」など,ハラスメ

ント防止の啓発ポスターやパンフレットを頻繁に見かけることだろう。学生は，それらのハラスメントがあったときに「NO!」と言ってよいことを，暗黙のうちに学習していく。また，大学教員が学生に対して，それらハラスメントの具体的な内容や，学生が被害を受けた場合にどこに相談すべきなのかについてガイダンスをすることもある。各種ハラスメントが授業の具体的な題材になることさえある。

こうした大学の状況とは対照的に，小中高校では，教師によるハラスメントが「消える化」する。すでに世論や教育行政においては明らかに「見える化」しているにもかかわらず，学校のなかでは，あたかもそれは起きていないかのようである。

(3) 巨大組み体操が興隆した理由

「教育」者のやることは正しい。この暗黙の前提は，今日における学校安全の関心事を振り返っても同じことが言える。2000年代以降，学校安全の最大の関心は二つあった。不審者対策（防犯）と震災対策（防災）である。学校行事の一環として，防犯訓練や防災訓練に参加した経験のある読者も多いことだろう。不審者と震災はいずれも，教師あるいは学校にとって外在的な損害である。つまり，学校関係者には直接関係のないところから，子どもを含む学校の構成員に対して損害が与えられるものだ。

ここで，組み体操のことを考えてみるといい。2000年代後半ごろから全国の学校の運動会・体育祭で，巨大な組み体操が披露されるようになった。組み体操の代表的な技である「ピラミッド」は，幼稚園で6段，小学校で9段，中学校で10段，高校で11段が最高到達段数とみられる。もうひとつ代表的な技として知られる「タワー」も，小中高いずれも最高で5段にまで達している。タワーは上方に伸びていくため，段数のわりに高さが高くなる。

10段ピラミッドの場合，中学3年男子だと高さは7メートル，土台の生

徒にかかる最大負荷は200kg／人に達する。それは極端だとしても，高さが4〜5メートル，負荷が100kgを超えるような組み方は珍しくない。ピラミッドもタワーも，より巨大で高い組み方がもてはやされ，それが小学校や，さらには幼稚園にまで広がっている。

組み体操においては，組み方の巨大化・高層化と担い手の低年齢化が進み，そのなかで負傷事故もたくさん起きてきた。小学校における体育的活動中の負傷事故件数（部活動を除く）を見てみると，組み体操は跳び箱とバスケットボールに次いで事故が多い（**表9-1**）。跳び箱やバスケットボールは，全国の学校で複数の学年にまたがって実施されているのに対して，組み体操は6年生に特化されることが多く，またかならずしも全国でおこなわれているわけでもない。それを考慮すれば，事故率は他の競技種目よりもさらに高くなると推察される。

不審者が暴行目的で学校に入ってくることを歓迎する人はいない。一方，巨大な組み体操はむしろ積極的に導入されてきた。いずれの場合も子どもの身体が危険にさらされている。しかし，不審者の危険は敏感に察知されるが，

表9-1　小学校における競技種目別の負傷事故件数（2015年度）

種目	件数	学習指導要領	
		記載の有無	取り扱い学年
跳箱運動	15,142	○	1〜6年
バスケットボール	10,219	○	5〜6年（3〜6年）
組み体操	**5,959**	×	―
マット運動	5,469	○	1〜6年
サッカー・フットサル	4,967	○	3〜6年
ドッジボール	4,676	○	1〜2年
準備・整理運動	3,068	○	1〜6年
鉄棒運動	3,028	○	3〜6年
ハードル走	2,974	○	1〜6年
縄跳び	2,861	○	1〜6年

（出所）日本スポーツ振興センター『学校の管理下の災害　平成28年版』のデータをもとに筆者が作成。

組み体操の危険は察知されない。その差がどこにあるかというと，その答えこそが「教育」である。不審者の侵入を「教育」という人は誰もいないが，巨大な組み体操は立派な「教育」活動とされる。「教育」というお墨付きがあるだけで，私たちは途端に，子どもの身体に迫り来る危険を見過ごしてしまう。

　教師は正しくて敬うべき存在である。教師が提供する教育は当然のごとく「望ましい」ものである。こうした強固な前提のもとに成り立つ学校教育において，教師による暴力・暴言は「消える化」していく。

(4)　「体罰」に甘い教育界

　さて，教育関係のニュースを読んでいると，毎日のように「体罰」の話題を目にする。ある意味，当たり前のように「体罰」が横行し，告発することさえためらわれた時代に比べれば，今日のように頻繁に体罰が発覚し議論されるようになった点では，世の中はよい方向に進んでいると言える。

　その一方で，「体罰」に関する報道において，なかなか触れられないことがひとつある。それは処分の重さである。2015年度に「体罰」や「わいせつ」「交通事故」などで懲戒処分（免職・停職・減給・戒告）や訓告等を受けた公立学校の教員は全国で6320人いる。これを細かく見てみると，車の「飲酒運転」では60件の処分があり，うち約6割の35件がもっとも厳しい懲戒免職である。「わいせつ」行為においても処分は厳しく，224件中約半数の118件が懲戒免職である。

　他方で「体罰」はというと，721件の処分のうち懲戒免職はゼロ件である。被害のなかには鼓膜損傷が8件，骨折・ねんざが21件ある。重大な傷害であるが，懲戒免職になることはない。なお，学校外で「傷害，暴行等及び刑法違反」を犯したケースは61件で，この場合には8件が懲戒免職となっている。

　これは2015年度に限ったことではない。2011－2015年度における過去5

図9-1　懲戒処分等の件数と懲戒免職の割合（2011-2015年度）

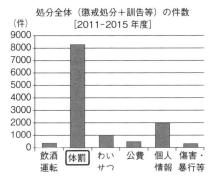
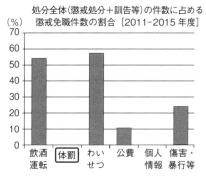

（出所）文部科学省「公立学校教員の人事行政状況調査」の平成23年度から平成27年度までの結果をもとに筆者が作成。

年分のデータをまとめて分析してみると，懲戒処分と訓告等を合わせた件数では，各種事案のなかで「体罰」の件数は圧倒的に多い。他方で，懲戒処分と訓告等の件数に占める懲戒免職件数の割合では「体罰」は0.04％（5年間で3件）と，ほぼゼロに近い（**図9-1**）。

ここから見えてくるのは，暴力教師は学校に守られているということである。教師が生徒に「体罰」をおこなったとしても，そしてそれが過酷なものであったとしても，暴力は「指導の過程で生じたこと」と理解されるからである。教育的な配慮のもとで起きたこと（起きてしまったこと）なのだから，大目に見てあげようという姿勢である。

教育界は「体罰」に甘い。この空気は一方で，「体罰」容認に抗する意見を，非現実的な極論に向かわせる効果をもっている。

「暴力は百害あって一利なし」という見解について考えてみよう。暴力を受けて，よい思いをする人はほとんどいない。その点には同意できるとしても，果たして「百害あって一利なし」とは正しい言明であろうか。そうだとすれば，ホモ・サピエンス（考えるヒト）たる人間は，地球上の各地で，一利もないことをずっと続けてきたことになる。

そうした発想は，暴力という行為が，私たち人類史のなかで，善かれ悪し

かれ「効果があるはずだ」と考えられてきたことを見過ごしてしまう。ここで私たちはあえて「暴力には効果がある」と考えてみる必要がある。なるほど教育現場において，教師から生徒への暴力は「叱咤激励のため」「気合いを入れるため」といった教育上の「効果」を期待して続けられてきたのではなかったか。

　さらには，暴力を受けた生徒たちのなかにさえ，「自分に落ち度があった」「厳しくしてくれたことでがんばることができた」と，それを正当化する声が多くあるではないか。殴った側はもちろんのこと，殴られた側もまた，効果ありと認めてしまう。だからこそ，今度は自分が大人の立場になったときに，効果があるはずと信じて暴力を子どもにふるおうとする。すなわち，暴力の再生産が生じるのである。

　「百害あって一利なし」とは，暴力撲滅のスローガンとしては有効である。だがそれは暴力のリアルと，それが再生産されるしくみを説明できない。他方で，だからといって暴力的な扱いを肯定するわけにはいかない。これからの時代は，「暴力に効果があるとしても，それでも他の手段を選ぶべき」と考えなければならない。果たして「叱咤激励」や「気合いを入れる」は，暴力をともなわないとできないことなのか。暴力こそ，もっとも単純で卑怯な方法ではないか。暴力を「教育」の一環とみなすのではなく，効果があったとしても，それでも「教育」から暴力を取り除いていくことが求められるのである。

3. 市民全体の問題

(1) 暴力を温存する構造

　学校が暴力に寛容であるとしても，それをもって，学校が自律的にそうし

ていると考えるのは早計である。暴力を容認しているのは決して学校関係者だけではない。これを「いじめの四層構造」（詳しくは第11章，図11-2を参照）から考えてみたい。

　「体罰」の場合は，教師は「加害者」であり生徒は「被害者」である。そして具体的な事例の検証においても，この教師－生徒の二者関係が検討される。だが「四層構造」の議論は，ここから視野の拡大を私たちに要請する。

　「加害者」と「被害者」の外側には「観衆」がいる。その最たる例は，教師が暴力をふるったことがマスコミで報じられ，非難が起きたときに観察することができる。暴力教師の「寛大な処分」を求めて，保護者やOB，地域住民などの手により，嘆願書が集められることがしばしば起きる。

　2012年12月に大阪市立の高校で，バスケットボール部の主将が顧問教諭からの「体罰」を苦にして自死したと見られる事件が起きた。この事件は連日にわたって報道され，教育界を超えて大きな社会的関心を呼んだ。この重大事件においてでさえ，保護者が中心になって顧問教員に対する処分の軽減を求める約1000名分の嘆願書が集められ，大阪市教育委員会に提出されている。学校の外部にいる者たちが，部活動顧問の暴力を正当化しようとしているともいえる。まさに「観衆」として，暴力を積極的に支持する存在である。その他にも「自分も殴られて育った。いまの子どもは弱い」などと暴力的文化を支持する保護者や市民も，「観衆」としての役割を果たしている。

　そして，そこまで積極的ではないものの，「体罰」が起きていても，それを見て見ぬふりしてやり過ごそうとする人たちがいる。四層構造の一番外側にいる「傍観者」である。たとえば，ある教師が生徒に対して暴力を頻繁にふるっていることを知っていても，そこに口出しできずに見過ごしている教師は少なからずいる。これは生徒にも当てはまる。「体罰」は見せしめ的に大勢の生徒の前でおこなわれることが多い。教師に逆らうと何が起きるのかを，生徒は恐怖をもって知ることになる。こうして生徒は，自分の仲間が傷つけられる場面を見ていても，それを黙認してしまう。

巨大な組み体操においても同じことが言える。たとえば，負傷した子どもは「被害者」で，組み体操を指導した教師は「加害者」と位置づけることができる。運動会で拍手喝采を送る人々（教師，生徒，保護者，地域住民）はみな「観衆」である。そして，負傷事故が毎年起きていても，とくに対応しようとしない，あるいは事故が起きていることを重大な問題だと認識しない「傍観者」も多くいる。

(2) 学校化した市民

　一般に，学校のあり方が批判的に検討されるとき，その背後には学校vs.市民（保護者を含む）という構図が描かれがちだ。「先生たちの考えは市民感覚からずれている」という見方である。「いじめ」や「体罰」事案が表沙汰になったときに，私たちがいっせいに学校を非難するのも，そうした構図があるからこそ成り立つものである。

　しかしながら，具体的なアクターを想定しながら視野を広げていくと，複雑な状況が見えてくる。たとえば，暴力をふるった教師に対して保護者が怒りの声をあげているかと思うと，意外にも処分軽減を求める署名活動に参加していたりする。巨大な組み体操にもっとも盛大な拍手を送ってきたのは保護者と地域住民であり，学校側が巨大組み体操を自粛しようとしたときに，もっとも抵抗してきたのもまた保護者と地域住民である。学校問題はときに，「学校」側の問題というよりは，「保護者」「地域住民」側の問題として考えねばならない。学校問題の責任はもちろん第一義的には学校側にある。しかし他方で，保護者を含む「市民」というものを一枚岩的に理想視することには慎重でありたい。

　「**学校化**」という言葉がある。**イヴァン・イリイチ**はこの言葉を用いて，学校的な価値が制度に組み込まれた社会（例：学校を卒業すれば一人前とみなされる社会，学校で受動的に知識を受け入れることが是とされる社会）を批判的に考

察した（Illich 1971=1977）。宮台真司はやや文脈を変えて，偏差値重視の学校的価値が社会の隅々にまで浸透した状況を「学校化」と表現した（宮台・藤井 1998）。そこに通底するのは，学校の価値観が社会のなかで唯一絶対の力をもっていることに対する危機感である。

「学校化」という概念において想定されているのは，学校が影響を与える側で，社会（に生きる市民）はその影響を受ける側というベクトルである。だが，そのようにして市民が学校化していったときに，いったい何が起きるだろうか。今度は，学校が自らを変革しようとしても，市民の側がそれを許さないという，逆向きのベクトルが活性化しうる。

「体罰」事案において顧問の寛大な処分を求める嘆願書も，巨大な組み体操においてそれをぜひとも続けてほしいという要望も，学校の外部の市民から入ってくるものである。学校内部の自浄作用を，外部の側が思いとどまらせようとする。学校の変革にとって障壁となっているのは，ときに学校内部の構成員ではなく，その外部の市民なのである。

学校化した社会というのは，市民もまた学校的価値観に賛同を示す社会である。学校を卒業した私たちは十分に学校化されている。市民のほうこそ「教育」を信奉し，子どもの安全・安心を脅かす存在かもしれない。単純に学校や教師を批判すればこと足りるのではなく，それを支えている私たちの教育観をも問い直されなければならないのである。

4. 教育から離れて「安全」を考える

(1) リスクとベネフィット

学校の管理下で子どもに対して意図的に提供される諸活動は，基本的にすべてが「教育」である。この前提によって，安全を脅かす営為でさえ「教育」

とみなされ，その肯定的な効果に目が向いてしまう。

　ものごとの説明において，教育的効果が参照されるという事態は，C. W. ミルズ (Mills & Horowitz 1963=1971) が論じた「**動機の語彙**」を想起させる。できごとの動機を説明する際に，動機とはその状況に内在するものではない。外在する特定のお決まりの語彙が，その状況を説明する。合言葉のようにして，ものごとの成り行きを正当化する表現を，ミルズは「動機の語彙」と呼んだ。学校管理下においては，この教育という動機が，外在的にあらゆる活動を説明する。すなわち，たとえば生徒に暴力をふるうのは「生徒を叱咤激励するため」「生徒の態度を正すため」，巨大な組み体操を披露するのは「皆で力を合わせることの大切さを学ぶため」「絆を深めるため」と説明される。

　子どもの安全を考えるにあたって重要なのは，この「教育」という動機の語彙を，自覚的にいったん停止させることである。その上で，その営為がいかなるリスクをもっているのか慎重に見極める必要がある。

　ところで，「**リスク**」(危険性) の対になる言葉に「**ベネフィット**」(便益) がある。たとえば，暴風雨のなかでコンビニに行こうとすれば，欲しいものは手に入るかもしれないが，途中で転倒したり身体がびしょ濡れになったりする危険性がある。私たちはつねに，リスクとベネフィットを天秤にかけながら生活を送っている。

　学校の教育活動にも，リスクとベネフィットの双方がついてくる。そして「教育」とは望ましさを具現する営みであり，したがってベネフィットそのものである。学校教育は公的な制度であるからには，私的な生活以上に慎重に，リスクとベネフィット (＝教育) が比較検討されるべきである。だが実際には，ベネフィットが動機の語彙として活用され，リスクは過小評価されがちである。

(2) 事件衝動的な反応の功罪

　学校教育においては、リスクへの関心が高められるべきである。だが、リスクを重視する際に気をつけるべき点がある。

　今日の学校安全施策は、しばしば「事件衝動的 (event driven)」(OECD 2005 = 2005) であると批判される。2001年以降、不審者犯罪に偏重した学校安全施策は、まさに事件衝動的であると言ってよい。そこでは、具体的な解決策は一事例をもとに立案される。すなわち、人々が強く危惧を感じた当の事例そのものがまた起きたとしたら、それをどう防ぐかが議論されるのである。

　このとき、限りある資源が特定のリスクに重点的に配分されることになる。あるひとつのリスクへの重点的な資源配分は、同時に別のリスクに対する資源配分の削減によって成り立つ。たとえば、不審者対策のために学校内に防犯カメラを設置した際の経費は、他のリスク管理（熱中症対策、スポーツ傷害対策など）にまわすことができたかもしれない。したがって事件衝動的な資源配分とは、当のリスクだけにとどまらない、リスク全体を見渡すなかで検討されるべき課題といえる。

　ただし、事件衝動的であること自体は、かならずしも問題ではない。事件衝動的なリアクションは「科学的根拠に基づいた (evidence based)」視点からつねに精査されなければならない。つまり、たとえば事故件数やその発生率が大きい、あるいは被害の規模が大きいなど、なんらかのデータをもとにしたときに、その衝動はむしろ必要なものと判断されることもある。科学的根拠の裏付けがあるなかでの事件衝動的な反応は、安全の推進において重要な役割を果たす。

　「教育」という営みは、その望ましさゆえに「安全」を軽視しがちになり、それがさまざまな事故や苦悩を引き起こすことになる。まずは安全の確保を最優先にして、その次にいかなる教育が可能なのかを模索していくという態度が求められる。

WORK

❶ 自分としては納得できなかったにもかかわらず,「教育の一環」「指導の一環」という言葉や空気で正当化されてしまったように思われる,学校でのできごとを挙げてみよう。

❷ 以下の四つの行動を,具体的な条件や理由をつけた上で,危険だと思う順に並べてみよう。

　A) 車に乗ること

　B) 飛行機に乗ること

　C) 夜に一人で歩いて外出すること

　D) 夜に友人らと居酒屋でお酒を飲むこと

〈参考文献〉

安彦忠彦編著(1998)『学校知の転換』ぎょうせい

宮台真司・藤井誠二(1998)『学校的日常を生き抜け』教育資料出版

Apple, Michael W. (1979=1986) *Ideology and curriculum.*（マイケル・W・アップル『学校幻想とカリキュラム』門倉正美・宮崎充保・植村高久訳,日本エディタースクール出版部）

Illich, Ivan (1971=1977) *Deschooling Society*, Marion Boyars.（イヴァン・イリイチ『脱学校の社会』東洋・小澤周三訳,東京創元社）

Mills, C. W. and I. L. Horowitz eds. (1963=1971) *Power, Politics and People: The Collected Essays of C. Wright Mills*, Oxford University Press.（ライト・ミルズ『権力・政治・民衆』青井和夫・本間康平監訳,みすず書房）

OECD (2005=2005) *Lessons in Danger : School Safety and Security*, OECD Publishing.（OECD『学校の安全と危機管理——世界の事例と教訓に学ぶ』立田慶裕監訳,明石書店）

第Ⅳ部

若者をとりまく「空気」を読み解く

INTRODUCTION

　厚生労働省の調査によると，大学を卒業した者の約3割，高校を卒業した者の約4割，中学を卒業した者の約6割が，学校を卒業して3年以内に就職先を辞めてしまうという（「新規学卒者の離職状況」）。こう聞いて，最近の若者は忍耐力がないのだな，と思うだろうか。

　その前にこう考えてほしい。昔はどうだったのか。厚生労働省のウェブサイトにアクセスすれば，すぐにそのことはわかる。大卒，高卒，中卒それぞれにおいて，離職状況はほぼ変わらないか，2000年ごろをピークとして近年は改善傾向にある。時間軸をさかのぼって考えることができれば，冷静に事態をとらえることができる。

　もうひとつ考えてほしいことがある。離職するという行為は，「忍耐力のなさ」のような個人的問題とばかりはとらえられないということだ。**図Ⅳ**は，若者に限らない失業者一般に聞いた「求職理由」，つまりなぜ仕事を探し求めねばならなくなったのかについてまとめたものだが（総務省「労働力調査」），「自発的な離職（自己都合）」が年ごとに大きく増減しないのに対し，「勤め先や事業の都合」は振れ幅の大きいことがわかる。そして，その振れ幅は完全失業率（折れ線）とほぼ軌を一にしていることもわかるだろう。

　この図に関してもう少しいえば，自分の都合で仕事を辞める人は，国内経済の状況にかかわらず，今日ではつねに一定数いるということだ。そこにはさまざまな人生の事情があるだろうから，それを押しとどめたり規制したりすることは簡単ではない（だからといって放置すべきでもないのだが）。それに対して，自らは勤め続けたいと思っているにもかかわらず，勤め先の都合で離

図Ⅳ　求職理由と失業率

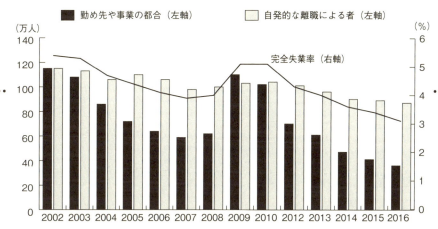

(注) 2011年については，東日本大震災の影響で継続的な全国調査をおこなうことが困難な地域が一部発生したため，年次集計は比較対象にできない。
(出所) 総務省「労働力調査」より。

職を余儀なくされる人の増減は，国内の経済状況に左右される部分が大きいといえるだろう。これについては，そのような状況に至った人が責めを負う必要はかならずしもなく，政策的な手当てこそがまずなされるべきと考えてよいはずだ。だが，私たちの社会はしばしば，こうした離職理由の内訳を考慮することなく，離職という問題を個人的な理由に切り縮めてしまう。

1990年代以降，若者をめぐるさまざまな問題は同様の経過をたどった。つまり，それぞれの問題には社会的な背景があるにもかかわらず，問題は若者自身の「心の問題」(第4章も参照)，ときにその心理的「劣化」にあるとされてきたのである。フリーターやニート，ひきこもり，少年犯罪，規範意識(の低下)などがそうした「若者バッシング」の争点となってきた。しかし，たとえば規範意識についていえば，むしろ近年の若者は非常に規範意識が高く，先行世代より「まじめ」になっていることが複数の調査から明らかになっている。若者バッシングの多くは，根拠のないままにおこなわれてきたの

である。このように，さまざまなことがらの社会的背景を考えず，性急に「心の問題」へと押し込めてしまう考え方の浸透を，2000年代の社会学は**「心理主義化」**と呼んで，批判的に検討をおこなってきた。

　心理主義的な考え方はとてもわかりやすい。ときには「劣化」している何者かを非難する自分たちを優位に置くことができるため，ある種の優越感をもたらしもする。だがそれは，事態の正確な判断を妨げることが多い考え方である。たとえば高校を中退する若者がいたとして，それはその当人の問題とすべきだろうか。東京都立高校の中退者に関する調査では，中退者とそうでない者では家庭環境に大きな差があることが明らかになっている。中退者の家庭において，両親がともに揃い，同居している割合は52.7%にすぎなかった。家庭の経済状況も「厳しい」と答える者が過半数を占めている。学業を継続することが厳しい環境のなかで，中退に至る者が多いのである。中退後の進路についても，復学できるか否かは，やはり家庭環境に大きく左右される。

　そのような状況にあっても，がんばれる人はがんばるのだから，やはり当人の問題だと言う人がいるかもしれない。「誰でもがんばれば」(第1章参照)という論法である。それを言うことはたやすいが，では自分自身がその立場に実際になってみたとしたら，同じことが言えるだろうか。このようにお互いの立場に立つ想像力が，かつては豊かだったとまでは言い切れないが，私たちの社会が発展・成熟していくなかで，私たちの生活は個々の家族，あるいは個々人単位に切り離され，困難をかかえる者どうしの「連帯」はますま

す難しくなっている。このような状況は日本に限らず先進国一般に起こっていることで，社会学では「**個人化**」(U. ベック) としてとらえられている問題である。

　この第Ⅳ部で扱うテーマは，就職活動，いじめ，少年犯罪の三つである。それぞれ，かかわる当人の問題として，事態を心理主義的に解釈することができるような問題である。しかし，おそらくその考え方では事態を正確に理解することはできないか，もしくは出口のない袋小路に至ってしまう。第Ⅳ部でおこないたいのは，そのような「若者をめぐる空気」の袋小路から抜け出す「社会学的想像力」(C.W.ミルズ) を示すことである。(牧野智和)

各章キーワード
　　第10章　新規学卒就職-採用，ハイパー・メリトクラシー
　　第11章　いじめ，スクールカースト，生徒文化
　　第12章　少年犯罪，メディア

第10章
教育から職業への移行と就職活動

1.「大人になったらなりたいもの」

　子どものころ,「大人になったらなりたいもの(職業)」を聞かれたことがあるだろう。**表10-1・10-2**は,2016年に第一生命保険株式会社が調べた,小学生の「大人になったらなりたいもののランキング」である。

　この表には,誰でも知っていて,思い浮かべることができる職業が並んでいる。しかし,ここにある職業だけで社会が成り立っているわけではないことを皆さんは知っているだろう。この社会には多くの職業がある。また,働く場所は会社かもしれないし,国や地方自治体かもしれない。自ら仕事を創り出す,つまり会社をおこす人もいる。本書を読んでいる皆さんの多くも,学校を卒業した後すぐに職に就く将来を思い描いているのではないだろうか。

表10-1　男子の「大人になったらなりたいもの」

1	サッカー選手
2	学者・博士
3	警察官・刑事
4	野球選手
5	お医者さん,食べ物屋さん

表10-2　女子の「大人になったらなりたいもの」

1	食べ物屋さん
2	保育園・幼稚園の先生
3	学校の先生(習い事の先生)
4	お医者さん,看護師さん

しかし，日本以外の先進産業社会では，必要なときに必要な能力を持つ人を採用するため，学校卒業時に皆が一斉に職に就くわけではない（濱口 2013）。では，なぜ日本においては，学校卒業時に一斉に就職するしくみになっているのだろうか。

本章のテーマである就職活動には，**日本的雇用慣行**が大きくかかわっている。日本的雇用慣行とは，長期雇用と年功序列，企業別労働組合を背景にした雇用のあり方をさす。この慣行が，職業能力をもたない若者を企業内で訓練し，その会社に適した人材へと育てるといった**新規学卒就職 – 採用**のしくみを生み出した。日本の多くの企業がもつこの特徴によって，「学卒後すぐに就職して，その会社で長く働く」ことが当たり前となってきたのである。

本章は，この新規学卒就職 – 採用の歴史を振り返りつつ，教育社会学が就職活動をどのように分析してきたのかを紹介し，教育と社会の関係を示したい。

2. 学校卒業後の進路

「就職活動」と聞いて，皆さんは何を思い浮かべるだろうか。サラリーマンになることと考えるだろうか。「個人の選択」だと考えている人，また自分の「やりたい」職業を探すものだと考えている人もいるだろう。なかには，就職活動がなぜ教育と関連あるトピックとして扱われているのか，不思議に思う人もいるかもしれない。

しかし，少し考えてみてほしい。皆さんが高校や大学に入学したのはなぜだろう？　まわりの友だちが進学するからだろうか？　その後の進路をどのように考えていただろうか？　民間企業に就職？　公務員？　教員？　自営業？　さらに進学？　入学した時点ですでに，その学校を卒業した後に就く職業は

ある程度限られている。このように考えると，皆さんが学校に入学することそれ自体や，そこで学ぶ内容は，少なからず将来の職業とかかわっていることがわかるだろう。たとえば，皆さんのなかにも教員や保育士，看護師など，特定の学校を卒業しないと就くことが難しい職業をめざしている人がいるかもしれない。

　先ほど，小学生に聞いた「大人になったらなりたいもの」のランキングを示した。そもそも，小学生に「なりたい職業」を質問することができるのは，私たちの生きている社会において職業選択の自由が保障されているからである。生まれたときに職業が決まっている「身分制」の社会ならば，「大人になったら何になりたい？」と聞くまでもなく，就く職業は自明のものとなるだろう。これに対し近代社会は，個人が職業を自由に選択できるという特徴をもっている。

　このような自由かつ平等な社会を実現する上で，欠かせない制度が学校教育である。なぜなら，身分や家柄にかかわりなく誰でも等しく教育を受けられ，高い能力を身につけたものが高い地位を達成する制度が必要となるからである。近代社会において，学校教育は人々を「平等」に教育し，それによって身につけた「業績」を基準に，適切な地位へ人々を割り当てることを理念としている。このことは1章（**図1-1**）や3章（2節）でも言及されているが，この基本的な理念を教育社会学では**メリトクラシー**と呼んでいる（Young 1958=1982）。教育社会学の視点からみると，高校や大学で受ける教育はこのような機能を果たしているといえる。個人が経験する道筋から就職をとらえる場合，「**教育から職業への移行**」と呼ぶ。働き，生きていく多くの人々がかかわる「職に就く」ことは，まさに教育と労働の結節点にあるテーマなのである。

　では，日本の学校教育と職業は，どのように結びついてきたのだろうか。次の3節では，新規学卒就職－採用の歴史について概観したい。続く4節では，選抜について教育社会学がおこなってきたいくつかの説明を紹介する。

5節では,職業とかかわる「キャリア教育」についての知見をまとめ,最後に就職活動のありようについて考えてみたい。

3. 新規学卒就職 – 採用の歴史

　学校卒業後,すぐ職に就く。この新規学卒就職 – 採用の慣行をさかのぼると,教育制度が成立し,日本が近代国家へと変貌をとげていく歴史と密接に関連していることがわかる。1887年,日本において,公教育を卒業した者にのみ行政官僚の受験試験が与えられるようになった。その後,財閥系の企業が大学を卒業した者を採用するようになっていく。大学生が学卒後すぐに就職するという現象は,金融・流通の大企業において1910年前後に確立したといわれている(菅山 2011, p.94)。この時期,大企業が学卒者を定期採用し始めた理由は,産業化により企業の規模が大きくなり,組織を管理・運営していく経営者や管理者が必要となったこと,また組織のなかで訓練しながら昇進させる方策が広がり始めたことにある。すなわち「ホワイトカラー」の誕生がその背景であった(天野 2005, p.352)。

　ただし,このころの高等教育出身者は現在と大きく異なる。1910年,尋常小学校(現在の小学校に相当)に入学した児童のうち,卒業した児童は68.4％,中等教育へ進学したのはわずか8％弱である(天野 2006)。当時,大学を卒業した後ホワイトカラーの仕事に就く者は,ごく少数の特権的な成人男性に限られていたのである。1920年代,ブルーカラー(現業労働者)の大半は成人で,しばしば失業中の労働者のなかから採用されていたことがわかっている(Gordon 1985=2012, p.128)。

　一方で,小学校卒業後の就職に学校がかかわるきっかけとなったのは,1925年に内務省と文部省が連名で出した「少年職業紹介」という通牒(命令

のようなもの)である。児童は自ら仕事を選択することが難しいとされたために，学校と職業紹介所が協力し，児童に適した仕事を斡旋するしくみを国がつくった(菅山 2011)。この「少年職業紹介」制度は，1938年の戦時体制下で改正職業紹介法が公布されターニングポイントを迎えることとなる。同年，国は，戦略的重要産業へ労働者を送り込むため，労働力募集の側面で大きな権限をもつようになる。国営の職業紹介所が，仕事を探す児童に対する職業指導を強化し，雇用主は政府が割り当てた人数を新規労働者として採用した。個人的なネットワークによって採用をおこなうのではなく，企業は学校を経由して従業員を雇う。国策は，尋常小学校，高等小学校，専門学校からの卒業生採用を促進したのである(Gordon 1985=2012)。こうして，戦略的重要産業に労働力を配分するために新規学卒採用が徐々に広まるようになる。

　戦前から戦時下にかけて整えられた新規学卒就職－採用の制度は，戦後も引き続いていく。1950年代から60年代にかけて，中学校，高等学校，大学と各学校の在学中に職を見つけ「学校を卒業すると同時に就職する，そして同一企業で定年ないし定年近くまで継続勤務する」(菅山 2011, p.445)慣行が広まっていった。ただし，「学卒後すぐに就職して，その会社で長く働く」ことができたのは男性だけである。戦前，高等教育を受けた女性が大企業に採用されることはなかった(野村 2007, p.7)。戦後になっても，女性の結婚や出産が解雇や退職の理由となる慣行があった。たとえば，入社に際して女子社員から「結婚または満35歳に達したときは退職する」という念書をとっていた会社も存在する。1960年代には，このような差別的な扱いについて裁判で争われたこともあった(濱口 2015)。1985年に男女雇用機会均等法が制定され，国は女性に対する差別的な雇用慣行の是正を促した。しかし，いまだなお性別による雇用の機会は均等とはいえない状況が続いている(野村 2007)。

　このように，男子学生のみではあったものの，「学卒後すぐに就職して，その会社で長く働く」ことを前提にした採用が広まったことにより，企業では採用のしくみに沿った人材育成がおこなわれてきた。企業は，学校や職業

訓練校であらかじめ職業能力を身につけた人材ではなく，特定の職業能力をもたない人材を採用し，その対象者を職場訓練 (On the Job Training) によって自らの組織に適合するように育成した。その結果，採用時に企業は，対象者が学校で身につけた職業能力ではなく，「いかに企業に適応できるか」という「訓練可能性」を主に見ることになったのである。新規学卒就職－採用は，「大部分の知的な仕事能力は，労働者が労働市場にはいるまえに習得するのではなく，雇用をみつけたのちに職場訓練のしくみを通じて習得する」という「仕事競争モデル」として説明される (Thurow 1975=1984, p.97)。

　加えて，就職を出口とする学校教育にも影響を及ぼした。とりわけ高卒就職は，「学校」内部で選抜をおこなうことと密接に結びついてきた。1960年代以降，高校が就職先を振り分けるという「学校に委ねられた職業選抜」(苅谷 1991) が広がっていく。高卒就職者は，学校を卒業してから仕事を探すのではなく，在学中に学校が進路指導としておこなう職業斡旋活動を通じて就職を決める。また企業は，新卒採用者に直接会ってやりとりをするのではなく，学校に求人票を渡す。生徒は学校にある求人票から受験企業を決め，学校が企業に生徒を推薦するのである。この際，採用活動開始日程の固定化，また学校は就職を希望する生徒1人に1社しか推薦を与えない「1人1社主義」というルールが広まった。それゆえ，推薦枠を割り当てられた生徒が不合格になることは稀であった。これらのルールは，生徒の就職先を安定的に確保したい学校と，安価な労働力を確保したい企業のつながりによって成り立ってきた。毎年，生徒が安定的に就職していく慣行を維持するため，学校は企業との信頼と，就職者を一定数送り出す実績を築いていったのである。

　大卒に関しては，1960年代ごろから，推薦によるものではなく自由な応募による就職－採用が主流となっていく。現在では一部の理系学部において企業への推薦による採用が残っているのみとなっている。だが，自由な応募といっても，現在のようなインターネットを使った就職活動ではもちろんない。一定のランクの学校を卒業する学生のみを対象とすることで，「学校歴」

による差で採用が決まる状況がそこにはあった。ここで思い出してほしいのが，日本的雇用慣行の特徴である長期雇用である。「就職が決まる」ことは，入社する企業で一生働くことと等しかった。だとすれば，どの大学に入るかによって就職の機会が決まることとなる。それゆえ，大企業の管理職など「良好な雇用機会」にあずかるために，よりランクの高い大学へと進学しようとする受験競争が過熱していった(苅谷 2010)。

　右肩上がりの経済成長により，90年代初頭までこのような慣行が安定的に維持されてきた。しかし，バブル経済が崩壊し低成長時代が始まると，労働市場の需給バランスが崩れ，新規学卒就職－採用の慣行にほころびが生じるようになる。企業が人を定期的に雇うことができなくなると，上記の雇用慣行の問題点が急速に露わになったのである。これまでのように，職業能力をもたない学卒者を企業のなかで教育する余裕がなくなっていった。このような変化は，これから職に就こうとする高校生・大学生の雇用に影響を及ぼした。

　1995年，日本経営者団体連盟(現在の日本経済団体連合会)は「新時代の日本的経営」という報告書を発表した。この報告には，雇用者を「長期蓄積能力活用型グループ」(従来型の長期継続雇用)，「高度専門能力活用グループ」，「雇用柔軟型グループ」の三つに分ける戦略が示されている。この報告には，従来の「長期雇用」「年功序列」の適用される正社員層を少なくし，非正規雇用の労働者を増やそうとする考えが示されている(居神 2005)。結果として，1990年代以降，非正規雇用の労働者は急速に増加する。それと並行して，正規雇用であっても，長時間労働で昇給もなく，長期雇用の保障もない者も出てきた(濱口 2013)。本章で詳細は論じないが，近年問題となっている「ブラック企業」や「過労自殺」についても，この問題と大きくかかわるので調べてみるとよいだろう。

　90年代後半から2000年代にかけて，教育と雇用の関係は需要と供給のバランスを崩した。高卒就職における「学校に委ねられた職業選抜」も機能し

図10-1 新卒有効求人倍率の推移

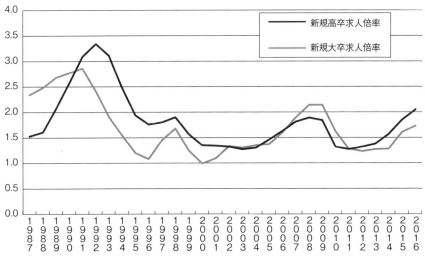

(出所) 新規高卒求人倍率は厚生労働省「平成28年度 高校・中学新卒者の求人・求職状況」第6-1表最終状況，新規大卒求人倍率は株式会社リクルートホールディングス リクルートワークス研究所調べ。

なくなった。大卒就職においても，卒業後，非正規雇用の職に就かざるをえない者が増えていくことになった。**図10-1**を見てほしい。90年代前半から後半にかけて，高卒の有効求人倍率（就職したい人の数を求人数で割ったもの）は低下していく。この間，大卒も有効求人倍率は低下することとなった。「就職氷河期」と呼ばれた90年代後半には，新規大卒有効求人倍率が1を切る（2000年3月卒）。求人数よりも就職したい大学生の数のほうが上回り，大学を卒業しても安定した職がない事態となったのである。経済状況の悪化をきっかけに，これまで維持されていた日本的雇用慣行が掘り崩され，新規大卒就職－採用の慣行も，これまでと同様には機能しなくなってきた。

　本節では，新規学卒就職－採用に関する歴史を駆け足で振り返ってきた。次節では，この歴史を「選抜」に着目してもう一度振り返っておきたい。就職を論じるにあたり，どのような人物をどのように選ぶか，選抜のしくみを検討する視点が重要となるからである。

4. メリトクラシー

　本節では，就職−採用のしくみである選抜について，教育社会学がどのように研究してきたのかを詳しくみていこう。2節でもふれたように，「誰もが平等に教育を受けることにより，業績を得た人が高い地位に就く」ことは，自由で平等な社会を実現するための理念となっている。この理念は「メリトクラシー」と呼ばれている。

　3節でみてきたように，90年代初頭まで，日本社会では「間断なき移行」によって学卒後の仕事が決まっていた（菅山 2011）。学校卒業時に，あらかじめ水路づけられた企業へ入社することが決まり，その企業で長く働く。言い換えれば，学校を選ぶ時点で次の進路が予測でき，学卒後には一生の職業やその職種（ホワイトカラーかブルーカラーか）が決まることになる。そのため，多くの研究が，どのような学歴を得ることがどのような職業に結びつくのかを明らかにしようとしてきた。

　とりわけ，学歴と就職の関連で分析されてきたのは，選抜のしくみである。どのような能力を基準に，誰を次のステップへと繰り上げるのか。全国を巻き込み，このような受験競争が展開された。そのため，選抜のしくみを解明することが研究者に求められた。高卒の就職においては，3節で述べたように「学校に委ねられた職業選抜」が成立してきた。

　では，学校が企業に生徒を推薦する際，どのような基準を用いて選抜したのか。そこで選抜基準に用いられたのは「成績」であった。つまり，希望の就職先に入るためには，生徒は「よい成績」を取り，希望の企業へ推薦してもらう必要があったのである。学校での「成績」によって将来が決まる状態は，「成績」を競い，トーナメントのように勝てば次へ進む「**トーナメント移動**」（Rosenbaum 1976）によって説明がなされてきた。就職を志望する場合も，条件のよい就職のチャンスを手に入れるため，生徒はよい成績をとることをめ

ざした (苅谷 1991)。

　大卒の就職においては，学校歴が重要な「訓練可能性」の指標になってきた。このことは，**スクリーニング理論**で説明がなされてきた。スクリーニングとは，多数のなかから少数を選ぶために「ふるいにかける」ことである。この考え方がよくわかる例として，缶詰工場の比喩が用いられる (竹内 2016)。学校は缶詰工場であり，製品を加工しているのではなく，できあがった製品をパックしレッテル（ラベル）を貼る。すなわち，学校歴が示す能力は，実際の職業能力ではなく「訓練可能性」の指標であるというのがこの理論である。

　だが，90年代以降，上記のような選抜のしくみが崩れたため，理論的な説明も成り立たなくなってきた。また90年代前半，正規雇用は縮減しつつも，高等教育進学率は上昇し続けた。2章の**図2-1**で示されているように，高等教育進学率は90年代後半には50％近くまでになる。

　他方，企業は，不景気による雇用の縮減のなか，これまで以上に増加した大学生から，少数の優秀な人物を選抜しなければならなくなった。新規大卒就職−採用に限って論じるならば，学校歴のみを訓練可能性の指標として評価してきた企業は，その他の能力をも評価基準として判断し，選抜をおこなわざるをえなくなってきた[(2)]。この点については，いまだ議論の段階であるが，興味深い研究がいくつかなされている。とりわけ，企業が大学生を判断するのが主に面接場面であることから，企業が面接で学生のどのような能力を評価しているのかを説明する研究がすすめられてきた (岩脇 2007；小山 2008)。

　これまで教育社会学は，選抜のしくみに着目して，学歴・学校歴と職業との結びつきを明らかにする研究を主にすすめてきた。しかし，学歴社会論の議論も，安定的な雇用を前提にした説明であるため，近年の現象を説明することは難しくなっている。次節では，このような学歴社会論の説明が困難になりはじめた時期から言及されるようになった「キャリア教育」について考えていきたい。

5. キャリア教育の誕生とハイパー・メリトクラシー

　90年代のバブル崩壊以後，企業は非正規雇用者を増加させることとなった。このことで危機的な状況に直面したのが，その時期に職に就こうとしていた高校生や大学生であった。正規雇用を定期採用する余裕が企業になくなり，若者は職業能力をもてず，身につける場所も得られないまま非正規雇用の労働に従事せざるをえなくなったのである。この要因は労働市場の変容であった。だが当初，成人後も非正規雇用に就く「フリーター」や，学業も就業もしていない「ニート」が出現したのは，若者の就労意欲が低下したからだととらえられていた。2000年代半ばごろから調査や分析が進み，若者の就労意欲の問題ではなく，労働市場の問題であるという認識が広がっていく。総務省の「労働力調査」によると，1990年に15歳から24歳の労働者のうち，非正規雇用の占める割合は20.5％だったにもかかわらず，2005年（1月〜3月）には48.5％が非正規雇用という状況となっていた(3)。だが，数値をみてわかるように，問題が深刻になってからようやく状況が認識されはじめ，対策がなされるようになったのである。

　この対策と並行して広まった取り組みが「キャリア教育」である。若年層の雇用問題の深刻化への対策として，国は大学等にキャリア教育を促した。これらの政策は，フリーターやニートの増加を若者の就労意欲の低下に問題があると考える，かならずしも正しいとはいえない認識から始まっていった。しかし，大卒後の離職率が3割を超え，正規雇用であっても安定しているとはいえない状況が生まれるなかで，大学では学生に「どのように働き，生きていくか」を考えさせる必要にもかられていた。2006年，厚生労働省は「職場や地域社会で多様な人々と仕事をしていくために必要な基礎的な力」として「社会人基礎力」を提唱し，それを大学教育で育成するよう促している。

この社会人基礎力は，「前に踏み出す力」「考え抜く力」「チームで働く力」の三つの能力（12の能力要素）から構成されている。皆さんも，この能力について，すでにどこかで耳にしたことがあるかもしれない。このような能力は，以下のようにキャリア教育の講義でも提示されている。

　　「社会人には，自ら行動する，自分で考えるということが求められます。（この講義では）社会人基礎力を利用して，社会人への準備をしていただきます」（スライドには社会人基礎力の12の能力要素が表示されている）（2015年9月23日，筆者が調査を実施したキャリア教育科目における講師の発言）

　もちろん，この事例が一般化できるとは限らないものの，約70％の大学が「社会人基礎力」を意識した教育を実施しているという調査結果も示されており（長尾ほか 2016），多くの大学はこれらを育成すべき能力だととらえているといえよう。たしかに「前に踏み出す力」「考え抜く力」「チームで働く力」，このような能力は働く上で重要である。
　このような，意欲やコミュニケーション能力，「人間力」といった個人の人格に類する要素をも能力とみなし，就労にあたり重要視する社会は，メリトクラシーならぬ**ハイパー・メリトクラシー**（本田 2005）と呼ばれている。この概念を提示した教育社会学者の本田由紀は，このような職業観や勤労観を育成しようとする教育について厳しく批判をおこなってきた（本田 2005；2009）。これらの要素は不定型であり学校で育成することは難しく，家庭環境も大きく影響するため，格差や不平等を正当化することにつながると本田は危惧している。加えて，キャリア教育の「自分で考えて自分で決めよ」というメッセージは，かえって進路への不安を招いているともいう。このことから本田は，抽象的なキャリア教育ではなく職業にかかわる専門的な知識を教えるなど，**教育の職業的意義**の重要性を主張する（本田 2009）。
　上記の批判を知ってもなお，皆さんは意欲やコミュニケーション能力を学

校で教える必要があると考えるかもしれない。就職活動をする際，上記の能力が多少なりとも求められてしまうことは事実である。だが，やはりこれらを職業との関連をもつものとして教えることには問題があると考えられる。以下，二つの問題点を具体的に検討してみたい。それは，意欲やコミュニケーション能力を個人の「能力」に還元してしまうことが，各人のおかれた境遇の不平等を見えにくくしてしまう点，また，労働環境の悪さを覆い隠す可能性を有する点である。

　1点目に，意欲やコミュニケーション能力を個人の「能力」とみなすことで，社会的な不平等が見えにくくなってしまう点について検討しよう。私たち自身，仕事には向き・不向きがあると思ってはいないだろうか。もちろん，その認識を否定するわけではない。しかし，私たちが「やりたい」とか，何かに「向いている」と想像している仕事は，各人がいま置かれた状況や育った環境に依存している。たとえば，冒頭で示した小学生の「大人になったらなりたいもの」は男女別で示されている。性別によって順位が大きく異なるが，ここには「男の子向け」「女の子向け」のおもちゃや遊び，両親の職業といった環境要因が反映されていると考えることができる。社会が提示する「らしさ」によって，私たちはそれを「やりたい」と考えるようになることがある。しかし，現代社会において「女性向き」とされる仕事は賃金が低く設定されていることが多い。皆さんがいま「やりたい」「向いている」と感じる仕事は，教育環境や家庭環境，性別にも影響を受けていると考えられる。だが，現在のキャリア教育は，社会的に平等とはいえない差を考慮しないまま，個人の意欲と職業を結びつけている。

　2点目に，仕事に対する意欲が労働環境の悪さを覆い隠す可能性があることについて検討したい。仕事に意欲的に取り組むことは重要である。ただし，私たちは往々にして，意欲があれば時間を忘れて仕事に没頭できるものであると考えがちである。しかし，このような仕事に対する意欲は，ときに長時間労働など労働環境の劣悪さを，労働者自らに対してさえ覆い隠してしまう

おそれがある。たとえば，阿部真大 (2006) は，バイク便ライダーが仕事を続ける際,「やりがい」を代償に危険な仕事を自ら引き受けていくようすを描いている。また，上原健太郎 (2016) は，非正規雇用の教員がその仕事を継続する理由のひとつに，教員という仕事に対して「やりがい」を見いだしている点を指摘している。その状況が続くと，目の前の仕事を優先し，正規教員への達成志向が希薄になっていくという。これらの事例は,「仕事に対する意欲を持つべき」という規範が，かえって劣悪な労働環境に人を適応させてしまう可能性があることを示している。

ここまで検討したように，意欲や職業観を強調する現在のキャリア教育は，社会的な不平等を無視してしまう点，労働環境の悪さを覆い隠してしまいかねない点で問題がある。[(4)]

6. 個人の働き方と社会

本章では，就職活動と，それにかかわるキャリア教育について論じてきた。皆さんは，大学でのキャリア教育で「やりたいこと」を見つけましょうと言われるかもしれない。就職活動でもおそらく聞かれるだろう。皆さん自身も，仕事で「やりたいこと」を見つけることが重要だと考えているかもしれない。他方で「やりたいこと」がなく，進路を決められない人もいるかもしれない。しかし，一見個人の選択としてとらえられる「学校卒業後に職に就くこと」は，新規学卒就職‐採用のしくみのもとに成り立っていたことを本章4節で示した。加えて，個人の職業選択にも，教育や家庭の環境，性別などの平等とはいえない差が影響を及ぼす可能性を本章5節で示唆した。私たちは，選抜のしくみや社会が及ぼす職業選択への影響を考えることで，これまで当たり前だと思っていた「卒業後はすぐに就職するもの」という自らの半径5メ

ートルの身近な事象について疑い，相対化することができる。

　もしかしたら皆さんは，自分の将来さえも半径5メートルから遠いと感じてしまうかもしれない。ここで，もし隣にいる友だちに生まれ変わったら，と想像してみよう。その友だちとしてこれまで生きていたら，現在のあなたと同じような選択をするだろうか。このように考えることで，進路選択や職業選択が，選抜のしくみや平等／不平等などの社会のありようとつながっていると実感できるのではないだろうか。自らの将来を考えることは，他者とともに生きていく社会を成り立たせる制度やしくみを調べ，考えることとつながっているのである。

WORK

❶ 皆さんのまわりの大人が18歳のとき，どのような進路を選択したのかを尋ねてみよう。その時代の高校進学率や大学進学率とも合わせて，現在とどのように違うかを考えてみよう。

❷ 企業が大学生に求める人物像について，ウェブサイトなどで採用情報を見ながら分析してみよう。産業別，規模別で，どのような共通点と差異があるか報告し，議論してみよう。

〈注〉
(1) ただし，調査を実施している機関や時期が異なるため，これらの数値を比較することはできない。
(2) ただし，昭和初期から大卒就職の面接において，「人物」や「人格」が重要であったという議論もある（福井 2016）。
(3) この集計は，1984年から2001年まで「労働調査特別調査」，2002年以降は「労働力調査（詳細集計）」によっており，調査方法，調査月などが異なることから時系列比較には注意を要する。また，非正規雇用の割合について，2000年以降，在学中を含むデータと在学中を除くデータの双方が示されている。本稿は，2005年1月～3月の割合について，15歳から24歳の在学中も含むデータで割合を提示している（在学中を除くデータでは非正規雇用は34.6%）。
(4) キャリア教育が労働市場や社会への「適応」を若者に要請することに対し，本田（2009）は，

自分が望ましいと考える状態へと環境を変えていく「抵抗」も必要だと指摘している。

〈参考文献〉
阿部真大（2006）『搾取される若者たち――バイク便ライダーは見た！』集英社
天野郁夫（2005）『学歴の社会史――教育と日本の近代』平凡社
────（2006）『教育と選抜の社会史』筑摩書房
居神浩（2005）「『若年浮遊層』の『社会的定位』という課題」（居神浩・三宅義和・遠藤竜馬・松本恵美・中山一郎・畑秀和『大卒フリーター問題を考える』ミネルヴァ書房）
岩脇千裕（2007）「大学新卒者採用における面接評価の構造」（『日本労働研究雑誌』No.567, 2007年10月号, 49-59ページ）
上原健太郎（2016）「正規教員を目指すことはいかにして可能か――沖縄の非正規教員を事例に」（『都市文化研究』18号, 71-83ページ）
株式会社リクルートホールディングス　リクルートワークス研究所（2016）「第33回ワークス大卒求人倍率調査（2017年卒）」http://www.recruit.jp/news_data/release/pdf/20160421_01.pdf
苅谷剛彦（1991）『学校・職業・選抜の社会学――高卒就職の日本的メカニズム』東京大学出版会
────（2010）「大卒就職の何が問題なのか」（苅谷剛彦・本田由紀編『大卒就職の社会学――データから見る変化』東京大学出版会
厚生労働省（2016）「平成28年度『高校・中学新卒者のハローワーク求人に係る求人・求職状況』取りまとめ」http://www.mhlw.go.jp/stf/houdou/0000136086.html
小山治（2008）「なぜ日本の新規大卒者の採用基準はみえにくくなるのか」（『年報社会学論集』21号, 143-154ページ）
菅山真次（2011）『「就社」社会の誕生――ホワイトカラーからブルーカラーへ』名古屋大学出版会
総務省統計局「労働力調査」長期時系列データ（詳細集計）【四半期平均結果等―全国】年齢階級, 雇用形態別雇用者数http://www.stat.go.jp/data/roudou/longtime/zuhyou/lt51.xls
第一生命保険株式会社（2016）「大人になったらなりたいもの」http://www.dai-ichi-life.co.jp/company/news/pdf/2016_072.pdf
竹内洋（2016）『日本のメリトクラシー――構造と心性〔増補版〕』東京大学出版会
長尾素子・池ヶ谷浩二郎・村山貞幸・浮田英彦（2016）「高等教育における『社会人基礎力』への取組と課題――全国大学・短期大学における実態調査から」（『拓殖大学経営経理研究』107号, 29-49ページ）
野村正實（2007）『日本的雇用慣行――全体像構築の試み』ミネルヴァ書房
濱口桂一郎（2013）『若者と労働――「入社」の仕組みから解きほぐす』中央公論新社
────（2015）『働く女子の運命』文藝春秋
福井康貴（2016）『歴史のなかの大卒労働市場――就職・採用の経済社会学』勁草書房
本田由紀（2005）『多元化する能力と日本社会――ハイパー・メリトクラシー化のなかで』NTT出版
────（2009）『教育の職業的意義――若者, 学校, 社会をつなぐ』筑摩書房
Gordon, Andrew（1985=2012）*The Evolution of Labor Relations in Japan : Heavy Industry, 1853-1955*, Harvard UP.（アンドルー・ゴードン『日本労使関係史 1853-2010』二村一夫訳, 岩波書店）
Rosenbaum, James E.（1976）*Making Inequality : The Hidden Curriculum of High School Tracking*, John Wiley & Sons.
Thurow, Lester C.（1975=1984）*Generating Inequality : Mechanisms of Distribution in the U. S. Economy*, Basic Books.（レスター・C・サロー『不平等を生み出すもの』小池和男・脇坂明訳, 同文舘）

Young, Michael（1958=1982）*The Rise of the Meritocracy,* Pelican Book.（マイケル・ヤング『メリトクラシー』窪田鎮夫・山元卯一郎訳，至誠堂）

第11章

「いじめ」問題がつくる視角と死角

・・・

1. りはめより100倍恐ろしい？

　『りはめより100倍恐ろしい』という小説がある。10年ほど前に出版されて話題になったので知っている人もいるかもしれないが，「りはめ」ではなく，「『り』は『め』」と読む。「りはめより100倍恐ろしい」とはどういう意味だろうか。考えてみてほしい。ヒントとして，この小説の中の文章を紹介しよう。

　　いじりは原因がこれといってない。強いて原因を求めるなら，そいつがとっても面白いということだけだ。一発芸なんかを進んでやるだけだ。人気者といじられキャラは紙一重。紛れもない事実なのだ。
　　それに先生は誰も助けてくれない。じゃれあいととられるだけだ。やられている俺も笑顔という仮面を装着しているのだから，証拠もないし深刻さの欠片(かけら)もない。いじめなら証拠もあるし先生も敏感に気づく。親も考えてくれる。必要とあれば登校拒否だってできる。いじりには逃げ道がない。(木堂 2007, p.40)

　文章を読んでわかった人もいると思う。そう，「りはめより100倍恐ろし

193

い」とは，「いじりはいじめより100倍恐ろしい」という意味である。この小説は，中学校時代に「いじられキャラ」であった主人公が高校に入学し，教室や部活の人間関係のなかで「いじられキャラ」にならないように奮闘する日々を描いた作品である。

　もちろん，この小説の解説で精神科医の斎藤環（2007, p.216）が述べているように，タイトルや前記の引用文のような描写は「小説的な誇張」と考えるべきだろう。しかしこの小説は，教室の生徒たちの人間関係について考える手がかりをいくつも与えてくれる。たとえば，いじめ／いじりの境界はどこにあるのか？　人によって，あるいは立場によって，その境界の引き方に違いはないだろうか？　違うとすれば，教室のなかの誰がその境界を決めるのか？　などなど。そして，そうした問いは，まさに教育社会学における，教室内の人間関係に関する研究につながっていく。

　これまで教育社会学では，「**生徒文化**」という言葉を用いて，教室のなかの人間関係を分析する研究や，教室のなかで「いじめ」が起きるメカニズムを分析した研究が多数蓄積されてきた。また近年では「いじり」や「**スクールカースト**」という切り口からの研究も登場している。本章では，それらの研究の知見を紹介することで，教室の人間関係について考えるための材料を提供したいと思う。

2．社会問題としてのいじめ

(1)　社会問題となる「いじめ自殺」

　まず，文部科学省が示す「いじめ」件数の推移を確認することから始めよう。文部科学省は全国のいじめの数を把握するために，1985（昭和60）年度か

らいじめの統計をとり始めた。

　ちなみに，その統計をとり始めたとき文部省（当時）は，その数をいじめの「発生件数」としていたが，当然のことながら，全国で起きているすべてのいじめをカウントできているわけではない。たしかに，これまで文部科学省は各自治体・各学校にアンケートや個人面談の実施を促して，いじめの件数をカウントしようと努めてきた。しかし，自治体・学校によってアンケートが記名式だったり無記名式だったりして調査の形式が統一されていない上，いじめの場合，これから述べていくように，そもそも何をいじめとするかが難しい。そのため，文部科学省が報告している数値は，全国で発生したいじめの件数を正確に反映した「発生件数」とは言えない。そこで2006（平成18）年度から文部科学省は，「認知できた」いじめの数という意味を込めて，その数を「認知件数」と呼んでいる。

　以上の点を踏まえつつ，文部科学省が公表しているいじめの認知（発生）件数の推移をみてみよう。**図11-1**は，そのいじめの認知（発生）件数に，筆者がいくつかの情報を加えて作成したものである。この図には四つの情報が含まれている。①小学校・中学校・高校・特別支援学校を合計した，1000人あたりのいじめの認知（発生）率（実線の折れ線），②「いじめ」という言葉を含んだ朝日新聞の記事数（点線の折れ線），③文部科学省のいじめの定義が変更された年度（垂直に引かれたグレーの実線），④社会問題となった「いじめ自殺」事件名（吹き出し）である。

　まず，いじめの認知（発生）件数に注目してみると，その件数には，これまでに4回の波があることがわかる。統計をとり始めた1985年度，それから1994年度，2006年度，2012年度である。しかもその波は，現在に近づくにつれて大きくなる傾向がある。つまり，第二の波である1994年度には，いじめの認知（発生）率（1000人あたり）が4件に満たなかったのに対して，2006年にはそれが8件を超え，2012年度には14件を超えるものとなっているである。

　次に，「いじめ」を含む新聞記事数に注目しよう。それを見ると，いじめ

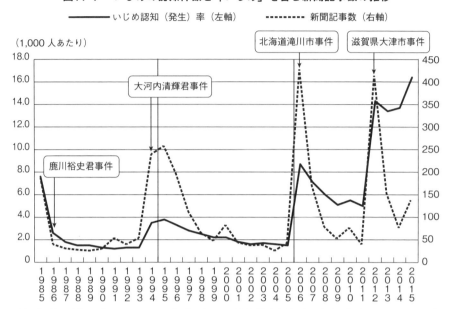

図11-1 いじめの認知件数と「いじめ」を含む新聞記事数の推移

(出所)「朝日新聞記事データベース 聞蔵Ⅱ」および文部科学省「平成27年度 児童生徒の問題行動等生徒指導上の諸問題に関する調査」(速報値)より筆者作成。

の認知(発生)率が高い年度に新聞記事数も増加しており、その増減の激しさが近年になるほど顕著になっていることが読み取れる。新聞記事数も、いじめの認知(発生)件数とほぼ同型の推移をたどっているのである。しかも、いじめの認知(発生)件数と新聞記事数が増加している年度は、1986年の「鹿川裕史君事件」を除いて、いじめを苦に自殺した生徒の事件が社会問題となった年度とそれぞれ重なっており、さらに言えば、それは文部科学省がいじめの定義を変更した年度とも重なっていることがわかるだろう。

　これらのことを示す**図11-1**から何が言えるだろうか。それはすなわち、社会の目を引く「いじめ自殺」事件が起きて、それを新聞などのマスメディアが多くとりあげた年度——つまり、いじめに対する社会の関心が高い年度——ほど、いじめの認知(発生)件数が多くなるということである。そして、

とりわけ現在に近づくほど，認知（発生）件数の振り幅が大きくなっていることからわかるように，そうした傾向は強くなっているのである。要するに，いじめは社会問題化することで注目を浴び，人々はいじめに対して敏感になるが，それが沈静化すると認知（発生）件数自体も減っていく，ということをくり返しており，さらに，そうした認知（発生）件数と新聞記事数の共振性は，近年になるほど高まっているのである(1)。

(2) 「いじめ」定義の変遷

　定義を変更していることに示されるように，文部科学省は，いじめが社会の関心を集めるたびに，いじめをより発見できるように努めてきた。その努力は，数年経って社会の関心が弱まれば，いじめの認知（発生）件数も下がってしまうという，あまり実りのないものではあるが……。

　それでは具体的にどのように定義を変更してきたのだろうか。文部科学省は，その定義の変遷を表にまとめている。それが**表11-1**である。これをみると，近年になるにつれて，いじめの定義が広がっていることが確認できる。すなわち，「学校としてその事実（関係児童生徒，いじめの内容等）を確認しているもの」といった定義の限定を示す文言が削除されたり，「自分より弱い者に対して一方的に」という文言が「一定の人間関係のある者」へと変更され，より広い解釈ができるようになったり，あるいは，より最近の定義であれば「インターネットを通じて行われるものも含む」といった文言が追加されたりしている。さまざまな事態を想定し，それらに対応できるように，文部科学省はいじめの定義をかつてよりも広げてきたのである。

　もうひとつ押さえておくべきことは，表中の「平成6年度からの定義」にある「いじめられた児童生徒の立場に立って行うものとする」という表現にあらわれているように，1994（平成6）年度以降の文部科学省による定義は，基本的に，被害者に委ねられているということだ。

表11-1 文部科学省によるいじめの定義の変遷

【児童生徒の問題行動等生徒指導上の諸問題に関する調査における定義】

【昭和61年度からの定義】
　この調査において、「いじめ」とは、「①自分より弱い者に対して一方的に、②身体的・心理的な攻撃を継続的に加え、③相手が深刻な苦痛を感じているものであって、学校としてその事実（関係児童生徒、いじめの内容等）を確認しているもの。なお、起こった場所は学校の内外を問わないもの」とする。

【平成6年度からの定義】
　この調査において、「いじめ」とは、「①自分より弱い者に対して一方的に、②身体的・心理的な攻撃を継続的に加え、③相手が深刻な苦痛を感じているもの。なお、起こった場所は学校の内外を問わない。」とする。
　なお、個々の行為がいじめに当たるか否かの判断を表面的・形式的に行うことなく、いじめられた児童生徒の立場に立って行うこと。
○「学校としてその事実（関係児童生徒、いじめの内容等）を確認しているもの」を削除
○「いじめに当たるか否かの判断を表面的・形式的に行うことなく、いじめられた児童生徒の立場に立って行うこと」を追加

【平成18年度からの定義】
　本調査において、個々の行為が「いじめ」に当たるか否かの判断は、表面的・形式的に行うことなく、いじめられた児童生徒の立場に立って行うものとする。
　「いじめ」とは、「当該児童生徒が、一定の人間関係のある者から、心理的、物理的な攻撃を受けたことにより、精神的な苦痛を感じているもの。」とする。（※）
　なお、起こった場所は学校の内外を問わない。
○「一方的に」「継続的に」「深刻な」といった文言を削除
○「いじめられた児童生徒の立場に立って」「一定の人間関係のある者」「攻撃」等について、注釈を追加
※ いじめ防止対策推進法の施行に伴い、平成25年度から以下のとおり定義されている。
　「いじめ」とは、「児童生徒に対して、当該児童生徒が在籍する学校に在籍している等当該児童生徒と一定の人的関係のある他の児童生徒が行う心理的又は物理的な影響を与える行為（インターネットを通じて行われるものも含む。）であって、当該行為の対象となった児童生徒が心身の苦痛を感じているもの。」とする。なお、起こった場所は学校の内外を問わない。
　「いじめ」の中には、犯罪行為として取り扱われるべきと認められ、早期に警察に相談することが重要なものや、児童生徒の生命、身体又は財産に重大な被害が生じるような、直ちに警察に通報することが必要なものが含まれる。これらについては、教育的な配慮や被害者の意向への配慮のうえで、早期に警察に相談・通報の上、警察と連携した対応を取ることが必要である。

（出所）文部科学省（2015）。

被害者の視点からいじめを定義するということに賛同する人は多いのではないだろうか。筆者が大学の講義で「『いじめ』と『いじり』の境界はどこにあると思いますか？」と問いかけると，「その人が苦痛を感じたらいじめだ」と答える学生が少なくない。そして多くの学生がそれに賛同する。文部科学省のいじめの定義はそうした感覚と地続きであり，多くの人々の共感を得られるものだろう。しかし，このように被害者の意思に定義の根拠を求めたところで，定義の問題が解決するわけではない。それは後述することにしたい。

　ここでは，少なくとも，この定義の変遷からわかるように，文部科学省も，いじめが社会問題となるなかで，さまざまな事態に対応できるように定義を広げ，そして被害者の意思を尊重し，いじめを早期に発見しようと努めてきたということを押さえておきたい。

3. なぜいじめは起こるのか？

(1)　いじめ集団の四層構造モデル

　それでは，いじめはなぜ起こるのか。この問いに基づいてさまざまな研究がおこなわれてきたが，そのなかでも重要な説として，森田洋司の「**いじめ集団の四層構造モデル**」がある（森田 2010）。ちなみに第9章では，教師による体罰が容認されやすい構造を，この「四層構造モデル」を参考にして分析しているので，気になる人はそちらも読んでみてほしい。

　森田の「四層構造モデル」は，教室の子どもたちの関係性から，教室においてなぜいじめが起きるのかを説明するモデルであり，それを図にしたものが**図11-2**である。ここに示されているように，四層とは「被害者」「加害者」

図11-2　いじめ集団の四層構造モデル

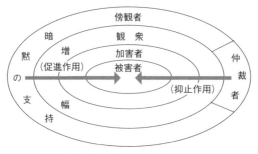

(出所) 森田 (2010), p.132。

「観衆」「傍観者」のことである。いじめの被害者と加害者は説明するまでもないだろう。文字通り、いじめを受ける側と、する側である。そして「観衆」とは、教室で起きているいじめに直接手を貸すわけではないけれども、「はやし立てて面白がって見ている子どもたち」（森田 2010, p.131）のことであり、言い換えれば「いじめの炎に油を注ぎ込む存在」（同 p.132）である。いじめは、こうした「観衆」の存在によってエスカレートしていく（＝促進作用）。

　さて、この四層構造モデルの特色であり重要なのは「傍観者」の存在である。「傍観者」とは、いじめが起きている場面に出くわしても知らないふりを装い、いじめられている被害者に救いの手を差し出すこともなければ、いじめている加害者の行為を止めるように働きかけることもしない、ただ「傍観」している者のことである。この「傍観者」が、加害者と被害者の「仲裁者」になっていじめを止めることをしないために、抑止作用が働かず、教室のなかのいじめが維持・促進されてしまうというわけである。もちろん、いじめを仲裁することによって「今度は自分がいじめられてしまうかもしれない」という防衛反応から、「傍観者」は「仲裁者」になることができないのかもしれない。しかし、だからこそ、教室のなかの人間関係はこの四層に構造化されて、いじめが起きてしまう。四層構造モデルは、このようにいじめの起きるメカニズムを説明するのである。

皆さんは、いじめ（あるいはそれに類する人間関係上のトラブル）が起きている現場に居合わせた人に対して、教師が「いじめを黙って見ているだけでも加害者です」というような発言をする場面を見たことがないだろうか（直接でなく、テレビや漫画を通じてでも）。そうした発言の背景には、この四層構造モデルがある。このモデルは森田が1985年に提唱し、いじめ現象を読み解くための有力な図式となって、今日まで大きな影響を及ぼしてきた（詳しく知りたい人は森田〔2010〕を読んでほしい）。

(2) 「いじめ」を定義することの困難と状況認識のすれ違い

　しかし近年では、この四層構造モデルに対して批判も投げかけられている。『「いじめ自殺」の社会学』（北澤 2015）という著書のなかで、北澤毅は次のように問いかける。

> 　「いじめが見えにくい」という語りは、一定のリアリティがあるからこそ、繰り返されてきているはずだが、そもそも「見えにくい」とはどういうことなのだろうか。教師の目が届かないところでいじめが繰り広げられているという物理的な意味で言われることもあるだろうが、それ以上に、「けんか」と「いじめ」、「ごっこ遊び」と「いじめ」との境界問題にみられるように、判断の難しさを見えにくいと表現することが多いのではないか。
> （北澤 2015, p.200　強調は原文のまま）

　私たちは、テレビなどのマスメディアで「いじめ事件」の報道を見ると、「なぜ教師は気づかなかったのか？」「なぜ教師や他の生徒は止めなかったのか？」など、その教室にいた人々の責任を問う。そのとき私たちは、教室にある机や椅子や黒板のような物理的なモノと同じように、「いじめが教室で起こっていた」と考えているから、「なぜ気づかなかったのか？」と問うの

だろう。しかし，本章の冒頭で提示した「いじめ／いじりの境界はどこにあるのか」という問いを思い出してほしい。私たちは，それほど簡単に，教室で起こっているできごとを「いじめ」と認識することができるだろうか。そして，「それがいじめだ」という認識を，教室の人々全員が共有することはできるだろうか。教室にある机や椅子や黒板のようなモノであれば，「教室にある」と認識すること，そしてその認識を教室の人々が共有することはたやすいかもしれない。しかし「いじめ」は，そういった物理的なモノではない。だから「いじめが教室で起こった」と認識することも，ましてや，その認識を教室の人々全員が共有することも難しい。

　具体的な場面を想像して考えてみよう。教室のなかで，AさんがBさんをからかった。そのときAさんはそれを冗談の文脈での「じゃれあい」と思っていて，周囲の人々は「いじり」と解釈し，一方でBさんはそれを「いじめ」と感じたとする。その場合，「いじめられた児童生徒の立場に立って行う」とする文部科学省の定義に従えば，この場面は「いじめ」となるだろう。しかし，こうしたケースから想像できるように，「いじめ」は教師や傍観者が見て見ぬふりをして見逃されるというよりも，むしろ教室にいる人々がその状況をどのように定義するか（いじめとするか，いじりとするか，じゃれあいとするか）のズレによって見逃されているかもしれないのである。

　「いじめの四層構造モデル」では，「傍観者」はいじめに気づいているのにいじめを止めない存在として，また「観衆」や「加害者」にもいじめているという自覚があるものとして想定されていた。しかし，現実の教室では上記のように，「傍観者」はいじめ（正確に言えば被害者の「いじめられている」という内面）に気づいていないし，「観衆」や「加害者」も「いじられキャラをいじっている」程度にしか認識していない場合も多いのではないだろうか。つまり「いじめの四層構造モデル」は，教室のなかの人々の認識（これはいじめである）が一致していると想定するが，その想定自体が疑わしいのである（北澤 2015, pp.194-199）。

さらに言えば、現実はもっと複雑でありうる。たとえばAさんのからかいに対して、Bさん自身も「いじり」と解釈し、面白おかしく対応していたが、それが日に日に積み重なるにつれて、つらくなっていったとしよう。しかし、そのからかいに対して反発したりすれば、その場が白けてしまうので、Bさんは「いじられキャラ」としてふるまうしかない。このようなケースは「いじめ」に当たるのだろうか。おそらく、このようなことは、冒頭に紹介した『りはめより100倍恐ろしい』でリアルに描かれているように、全国各地で日々起きていることだと思うし、皆さんにも思い当たる経験があるのではないだろうか。

　じつは、被害者の自殺という最悪の結果によって世に知られることになった過去の「いじめ自殺」事件も、こうした認識のすれ違いが招いたものであった可能性がある。たとえば、北澤（2015, p.195）が「いじめの四層構造モデル」を批判的に検討するために参照している、1986年に起きた「鹿川裕史君事件」の、かつての同級生たちの証言が示唆的である。

　　鹿川はいじめられたといっても、みんなの見ているところで、本気で殴られたことは、一度もなかったと思う。（中略）フェルトペンのひげ描き事件のときは、鹿川もおもしろがってたと思う。葬式ごっこも、みんなはそのノリでやったから、本当に遊びのつもりだった。あれは、みんなの意図と鹿川が感じたものの、すれ違いだったんだ。（豊田 1994, pp.100-101）

　「みんなの意図と鹿川が感じたものの、すれ違いだったんだ」という言葉にあらわれているように、教室のなかの人々の立場によってその状況の解釈が異なっていたために、悲惨な結末になったとも考えられる。そうであるとすれば、被害者を自殺にまで追い込んでしまうのは、「いじめの四層構造モデル」で説明されるように「傍観者」がいじめを見過ごしたといったことで

はなく，被害者と教室にいる他の人々との認識の「すれ違い」が大きくなっていくなかで生じた悲劇だったのかもしれない。

　ここまで読んだ皆さんはおそらく，「まわりがどう思っていようと，被害者が苦しければ，それはいじめだろう」と納得していないのではないだろうか。もちろん，それは妥当な考えだろうし，文部科学省の定義にも即している。しかし問題は，被害者の内面を，誰がどう適切に解釈できるのかということである。被害者の自殺という，もっとも悲惨な結末になった「いじめ自殺」事件でさえ，被害者は「いじめられていた」と誰にも告げることなく，遺書ではじめてそのことを記すか，あるいは最後まで（遺書ですら）「いじめ」という言葉を使わずに亡くなっているケースが少なくない。「いじめ自殺」事件において，それを「いじめ」と定義できているのは，「被害者が苦しんでいた」という定義に即してというよりもむしろ，自殺というショッキングなできごとを通じて，被害者の内面が劇的なかたちで示されたために，外部の人々（マスメディアなど）がその事件を「いじめ」と事後的に呼んでいる部分が大きい。いくら文部科学省がいじめを被害者の観点から定義したところで，当の被害者がそれを自覚したり訴えたりすること，そしてまわりの者が被害者の内面を知ることは，容易ではないのである。

　そう考えれば，日常とはかけ離れているように思える過去の「いじめ自殺」事件も，私たちの日常の延長上にあるものだと思えないだろうか。マスメディアを通じて残忍な「いじめ」があったように報道されると，「どうしてそんなことできるのか」あるいは「どうしてまわりの人々は気づかなかったんだろう」と疑問に思うかもしれないが，それらは，多くの人が教室で経験したであろう日常の延長上に起きてしまった事件だったと考えることができるのである。(2)

4.「いじめ」という視角の死角

(1) スクールカースト

　「いじめ」という言葉は，社会問題化してきたからこその独特の意味合いを帯びている。いじめというと，どうしても残忍さや陰湿さを思い浮かべてしまうが，日ごろの場面でおこなわれる「いじり」との境界線はあいまいで，だからこそ，人々の認識にすれ違いを生む。そう考えれば，いじめが社会問題化するほど，私たちは日常にある人間関係のあり方を「いじめ」と呼びにくくなるのかもしれない。言い換えれば，「いじめ」という視角は，**図11-1**に示したように，ある現実に光を当ててそれを浮かび上がらせる一方で，別の現実を覆い隠す死角をかかえていると考えられるのではないだろうか。そうした問題意識から書かれた著書が，鈴木翔（2012）の『教室内カースト』である。

　鈴木は「『いじめ』だと認識される問題の多くは，『スクールカースト』があることによる弊害の一部なのではないか」（鈴木 2012, p.41）と指摘し，ひとまず「いじめ」であるかどうかを置いておいて，とにかく「スクールカースト」と呼ばれるような，生徒間のインフォーマルな序列関係の発生メカニズムを探求することを提案している。スクールカーストとは，インドの伝統的な身分制度になぞらえて，学校内の地位の差をあらわす言葉である。インターネットなどで広く流布している言葉なので，聞いたことがある人も多いだろう。

　中学生を対象にした質問紙調査，および大学1年生や教員を対象にしたインタビュー調査から，鈴木（2012）は「『いじめ』でなくとも，なんとなく下に見られているような感覚」（同 p.65）を生み出す「スクールカースト」の世界について分析をしている。鈴木によれば，小学校では，運動神経がいい子

や遊びのうまい子が人気者であり，それが個人間の地位の差として認識されるのに対して，中学校・高校ではグループ間の地位の差として認識されるようになるという。「ギャル」・「普通」・「地味」，「イケてるグループ」・「イケてないグループ」，「過激派」・「穏健派」など，学校によって具体的な呼び名は違うものの，中学・高校ではそうしたグループができあがり，それらのグループは「ランク」付けされる。そして，上位のグループが教室で自分たちの意見を押し通したり，下位のグループの生徒たちを笑いものにしたりすることによって教室の雰囲気をつくり出していく。こうした「『理不尽』ではあるが，『いじめ』ではない関係」(同 p.107) が，生徒たちの学校生活のなかにはありふれている。おそらく，鈴木の目論見通り，日本の学校に通ったことのある人には「いじめ」よりも「スクールカースト」という言葉のほうが，自身の経験を適切に表現できていると思う人が多いのではないだろうか。

ところで，鈴木によれば「スクールカースト」は，下位グループの生徒にはもちろんだが，上位グループの生徒にとってもつらいことがあるという。こうした指摘をする際に鈴木が引用しているインタビューの語りが興味深い。

> いや，先生がウケねらいにきたら，「はあ〜？」とか言わなきゃいけなくて (笑)。そういうこと言わなきゃ的な空気が教室にはあるんで (笑)。言わなきゃ空気がよどんでしまうというか。「帰りてえんだけど〜」とか。「マジだりいよ」とか，そういう。特に帰りたくはないんですけどね。家に帰ってもヒマなので (笑)。そういうこと言わなきゃいけないんですよ。大変なんです，「1軍」も。(鈴木 2012, p.138)

前節において，「いじられキャラ」としてふるまうしかないBさんという架空の話をした。それに対して，上記のインタビューで示唆されているのは，「いじられキャラ」だけでなく，「いじる」生徒もまた，「キャラ」を演じなければならないということである。

以上のことを踏まえれば,「いじる」生徒にとっても「いじられる」生徒にとっても,「スクールカースト」がつくられるような教室の雰囲気は決して居心地のいいものではないだろう。それではなぜ,個々人がそう思っていたとしても「スクールカースト」が生じてしまい,また,それが維持されてしまうのだろうか。

　この問題を考える上で手がかりとなるのが,「**優しい関係**」というキーワードである。「優しい関係」とは,精神科医の大平健 (1995) の考察を手がかりにして,社会学者の土井隆義 (2008) が作った言葉で,人間関係上の対立や葛藤を避けることを最優先する人間関係のことである。土井によれば,「優しい関係」が営まれる場の空気の決定権を握っているのは,そこに参加している一人ひとりの個人ではなく,「優しい関係」そのものだという (土井 2008, p.10)。対立を避けるために繊細な気配りをする若者たちの人間関係においては,「いじられキャラ」という役割をあてがわれると,否定することなくそう演じなければならない。なぜなら,それを否定することは対立を生むからである。そして「いじる側」においても,まわりの人々から「いつものように」という期待をされるから,そうふるまわざるをえず,いつものように「いじる」ことになる。さらに言えば,対立を避けるために,互いに「本当はやめてほしい・やめたい」ということも言い出せずに,そのようなやりとりが日々続いてしまう。「いじり－いじられる関係」や「スクールカースト」は,こうした「優しい関係」に基づいた,言い換えれば,人々が空気を読み合うことによって形成・維持されるものだと考えられる。

　とくに「学校の人間関係のように,閉鎖性が高い空間では,人間関係のやり直しがきかないため,多数の人間関係を慎重に扱い,みんなとぶつからないようコントロールすることが必要になってくる」(鈴木 2015, p.86)。学校における人間関係は,1日2日限りの関係でもなければ,「うまくいかなかったら別の学校に行けばいい」というように,通う学校を簡単に変更できるわけでもない。だから,対立や葛藤を避けるために「優しい関係」が維持され

「スクールカースト」が形成される，というわけである。

　教室には，「いじめ」という言葉で言いあらわすには躊躇してしまうが，決して居心地がいいとは言えない序列化された人間関係が織り成されている。そうした人間関係は，いじめのように象徴的なできごととしてではなくとも，それこそ「空気」のように日常生活に遍在している。「スクールカースト」という言葉は（「カースト」という言葉に重い歴史上の意味があるという別の問題はあるが），「いじめ」という視角では死角になってしまう，そうした日常生活にある「生きにくさ」に光を当てることを可能にするのである。

(2)　社会的差別との連関

　ところで，日本におけるいじめ言説の特徴のひとつは，いじめを社会的差別と切り離して理解しようとする点にある。スカンジナビア圏やイギリス，アメリカなどでは，いじめをたんなる人間関係のトラブルとしてしまうのではなく，社会的な差別（たとえば階級やエスニシティの問題，人種差別や性差別）の問題にかかわって理解しようとする向きが強い（森田 2010）。それに対して，日本の場合，本章で論じてきたことがらが学校の内部にとどまっていることに象徴されるように，いじめを学校教育の問題としてとらえる傾向にある。だから，いじめの原因を，教室の構造や人間関係に求めたり，現代の若者のコミュニケーション特性に求めたりするのである。

　しかし，これは日本のいじめが社会的差別の問題とかかわっていないということではないことに気をつけてほしい。そういうとらえ方になっているというだけで，現実がそうだというわけではない。教室の内部に光を当てて，教室の外部にある問題との連関を覆い隠す。これも「いじめ」という視角がかかえる死角のひとつと言えるだろう。

　他方，教育社会学には，「生徒文化」という概念によって生徒集団間の関係性を明らかにしようとしてきた歴史がある。その生徒文化研究を見渡せば，

現代日本の生徒たちの人間関係も，決して社会的差別と無関係ではないことがわかるだろう。

　まず，生徒文化研究でもっとも著名なものを紹介しよう。それはイギリスの社会学者**ポール・ウィリス**（Willis 1977=1985）による『ハマータウンの野郎ども』である。ウィリスは1970年代のイギリスで，労働者階級の少年たち〈野郎ども〉が学校生活をどのように過ごし，どのように仕事へと就いていくのかを鮮やかに描き出した。「学校で勉強をして良い成績をとって，頭脳労働に就くように努めればいいのに，なぜ労働者階級の子どもたちは学校で教師に反発し，自ら進んで肉体労働に就いていくのか？」というのがこの研究の主要な問いである。それに対してウィリスが出した答えを一言で言うとすれば，次のようになるだろう。労働者階級の文化，すなわち，管理をすり抜けて楽しみを見いだしたり，肉体労働を男らしいと評価する男性意識やタフネスの気風であったり，集団主義的であったりする親たちの文化に依拠しながら，少年たちは学校の建て前の欺瞞性を見抜いているために，彼らは学校の教師たちに反抗し，肉体労働に就いていく。

　本章の関心にとって重要なのは，この〈野郎ども〉が，教師たちの言うことに従う生徒を〈耳穴っこ〉とバカにしたり，性差別的・人種差別的言動をしたりして，他の生徒たちと差異化していることだ。彼らは，教師に順応する生徒や頭脳労働をする人々を「女々しい」と評価しておとしめたり，女性を性的な消費財のように扱ったり，「アジア人」や「黒人」にあからさまな嫌悪感を示したりする。つまり，彼らは結果的に経済的に不利な立場に追いやられるという意味で，階級的観点から言えば被害者となる一方で，人種差別や性差別という点からいえば加害者となるのであり，彼らと他の生徒との関係は，学校という空間を超えた階級の再生産，人種差別，性差別の問題とつながっているのである。いじめを社会的差別と関連づけて理解するとは，そういうことだ。

　こうした問題は現代の日本においても観察できる。たとえば筆者は，〈ヤ

図11-3 〈ヤンチャな子ら〉と〈インキャラ〉

(出所) 知念 (2017)。

ンチャな子ら〉と呼ばれる男子生徒たちを対象にして、これまで高校で調査をおこなってきた。その調査のなかで筆者は〈インキャラ〉という言葉を頻繁に耳にした。**図11-3**は調査をしていた学校の生徒に描いてもらったものである（右の絵には男子生徒しか描かれていないが、〈インキャラ〉という言葉は性別にかかわらず適用される言葉である）。

　学校生活において、〈ヤンチャな子ら〉は〈インキャラ〉の男子を攻撃的な口調で威圧したり、〈インキャラ〉の女子を嘲笑したりしていた。〈インキャラ〉という言葉はおそらく、「スクールカースト」という教室内部の秩序として理解されることが多いのではないだろうか。しかし筆者が調査のなかで気づいたことは、〈インキャラ〉という言葉が、教室内部の力学だけでなく、教室の外部にある力学、すなわち性差別や同性愛嫌悪という社会的差別の問題とつながっているということであった。より具体的に言えば、〈ヤンチャな子ら〉が〈インキャラ〉という言葉を使用するとき、それは「男らしくない／女らしくない」行為や人に貼られるラベルであり、そうしたラベルを他者に貼ることによって、〈ヤンチャな子ら〉は自らの「男らしさ」を誇示して

いたのである（知念 2017）。

　こうした研究から明らかなように，教室のなかの人間関係は，より広い社会の問題ともつながっている。にもかかわらず，「いじめ」という視角によって語られる教室の人間関係上のトラブルは，学校教育に起因する問題として語られがちである。近年では，セクシャル・マイノリティの子どもへのいじめがマスメディアで報道されることもあり，以前よりもいじめが社会的差別と関連づけて理解されるようになったと言えるかもしれない。しかし，まだまだそうした関連性への目配りは十分とは言えない。（在日）外国人への「ヘイトスピーチ」や「子どもの貧困」などの社会問題が深刻化しているなか，教室の外部と関連づけて理解する視点は，ますます重要になってくるだろう。

5. おわりに

　本書のタイトルは『半径5メートルからの教育社会学』である。平均的な教室は一辺の長さが7〜9メートルくらいだから，教室のなかから教育と社会について考えるとは，まさに「半径5メートルから教育と社会を考える」ことだろう。そして，この章で筆者が示したかったのは，その半径5メートルの世界が，確実に社会とつながっているということである。

　「いじめはいけない」と断罪したり，あるいは「いじめはなくならない」と達観したような立場からものを言うことは，ある意味でたやすい。しかしそういう物言いは，社会のガス抜きにはなったとしても，それによって社会をよりましな方向へ進めることはほとんど望めない。社会をよりましな方向へと変えていくには，まず事態を正確に認識するところから始まるのではないだろうか。（教育）社会学はそのようなスタンスから，教室の人間関係のあり方を理解するために，「いじめ」「スクールカースト」「生徒文化」といっ

た視点から，さまざまな研究をおこなってきた。今度は皆さんが，これらの知見を使って，身近な人間関係について考える番だ。

WORK

❶ これまでの学校生活において，「いじり」の場面に遭遇したことはあっただろうか。具体的な場面を思い浮かべて，被害者・加害者・観衆・傍観者，そして教師，それぞれの立場からそれがどう見えていたのかを考えてみよう。

❷ たとえば中学校／高校，男子校／女子校，公立／私立学校のように，学校のタイプによって「スクールカースト」に違いはあるのだろうか。あったとすれば，それはなぜだろうか。話し合って考えてみよう。

〈注〉
(1) ただし，図11-1の2015年度は，とくに象徴的な事件が起きたわけではないものの，前年度よりも認知件数が増加している。これは，これまでにない新しい傾向かもしれない。文部科学省は2015年度に「いじめの防止等のための基本的な方針」を改定し，「いじめの正確な認知に向けた教職員間での共通理解の形成及び新年度に向けた取組について」という通知を各自治体へ出すなどして，これまでよりもいじめの実態把握に向けた姿勢を強く打ち出している。2015年度の件数が増加しているのは，おそらくその影響だろう。これが「滋賀県大津市事件」の余波であって，これまでと同様の傾向をたどる（つまり，近いうちにまた認知件数が下がっていく）のか，これまでとは異なる新しい傾向の前兆なのかは現時点では判断できないが，そうした観点から今後の傾向を注視する必要があるだろう。
(2) 何を「いじめ」とするのかという判断，そしてその判断を共有することが難しいとすれば，教師に何ができるのだろうか。北澤によれば，それはいじめの「発見者」から「定義者」となることだという。すなわち，教師の役割は「『いじめ』を適切に発見できるかどうかではなく，どのような『事実』を立ち上げて『物語』を制作し，どのようにしてその物語を当事者たちに受け入れてもらえるようにするか」（北澤 2015, p.206）ということである。

〈参考文献〉
大平健（1995）『やさしさの精神病理』岩波書店
北澤毅（2015）『「いじめ自殺」の社会学——「いじめ問題」を脱構築する』世界思想社
木堂椎（2007）『りはめより100倍恐ろしい』角川書店

斎藤環（2007）「解説」（木堂椎『りはめより100倍恐ろしい』，211-221ページ）。
鈴木翔（2012）『教室内カースト』光文社
―――（2015）「友だち」（本田由紀編『現代社会論――社会学で探る私たちの生き方』有斐閣）
知念渉（2017）「〈インキャラ〉とは何か――男性性をめぐるダイナミクス」『教育社会学研究』第100集
土井隆義（2008）『友だち地獄――「空気を読む」世代のサバイバル』筑摩書房
豊田充（1994）『「葬式ごっこ」――八年後の証言』風雅書房
森田洋司（2010）『いじめとは何か――教室の問題，社会の問題』中央公論新社
文部科学省（2015）「いじめの定義の変遷【児童生徒の問題行動等生徒指導上の諸問題に関する調査における定義】」http://www.mext.go.jp/component/a_menu/education/detail/__icsFiles/afieldfile/2015/06/17/1302904_001.pdf（2017年3月15日取得）
―――（2016）「平成27年度『児童生徒の問題行動等生徒指導上の諸問題に関する調査』（速報値）について」http://www.mext.go.jp/b_menu/houdou/28/10/__icsFiles/afieldfile/2016/10/27/1378692_001.pdf（2017年4月14日取得）
Willis, Paul. E. (1977=1985) *Learning to Labour*, Saxon House.（ポール・ウィリス『ハマータウンの野郎ども』熊沢誠・山田潤訳，筑摩書房）

第12章
少年犯罪についての認識とメディア

1. 少年犯罪についての「認識」と「実態」のギャップ

　この本を読んでいる皆さんは、「少年犯罪」が最近増えていると思うだろうか。それとも、とくに以前と変わらない、あるいは減っていると思うだろうか。内閣府が2015年7月から8月にかけておこなった「少年非行に関する世論調査」では、「あなたの実感として、おおむね5年前と比べて、少年による重大な事件が増えていると思いますか、減っていると思いますか」という質問が設けられているが、その回答結果は「増えている」と答えた者が78.6％と圧倒的に多い。2010年におこなわれた前回調査でも「増えている」と答えた者は75.6％だった。

　このような傾向は他の調査でもおおむね同様である。日工組社会安全研究財団が2001年から継続的におこなっている「犯罪に対する不安感等に関する調査研究」でも、「あなたは少年の犯罪・非行が増えていると思いますか」という設問への回答結果は、つねに「増えていると思う」が半数を超え、「減っていると思う」と答える人は各回1％から3％程度にとどまっていた。

　いま紹介したのは犯罪の「量」についての認識だが、「質」の認識についてはどうだろうか。上述の「犯罪に対する不安感等に関する調査研究」では、

「あなたは少年の犯罪・非行が悪質になっていると思いますか」という設問があるが、その回答結果でも一貫して6割以上の者が「悪質になっていると思う」と答えている。

しかし、刑法犯として検挙された少年の数はいまや戦後最低の水準にある（図12-1）。人口比という観点からみてもこれは同様である。殺人や強盗、放火といった凶悪犯の検挙者数も全体として減少傾向にあり、他の罪種においても、近年とくに著しく増加したような動向はみられない。また先の内閣府調査では、実際に身のまわりで起こり問題となっている少年犯罪についても聞いているが、そこでもっとも多いのは「いじめ」(19.6%)、ついで「万引き」(16.9%)、「喫煙や飲酒、家出や深夜はいかいなどの不良行為」(16.8%)と続き、「特にない」と答えた者の割合が44.3%となっていた。

統計的には「改善」の傾向がみられ、身のまわりでも凶悪な犯罪に出合っていないにもかかわらず、少年犯罪は増加し、また質的に悪化したという認識が多くの人々に分け持たれているということ。このギャップはなぜ、どこ

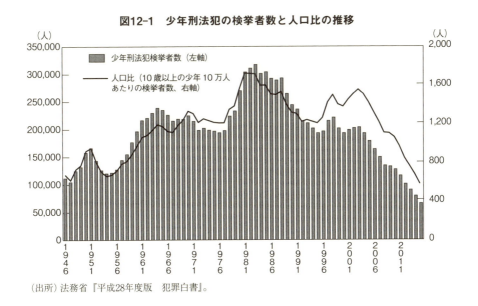

図12-1　少年刑法犯の検挙者数と人口比の推移

（出所）法務省『平成28年度版　犯罪白書』。

第12章　少年犯罪についての認識とメディア

から生まれてくるのだろうか。いくつか考える道筋はあるが，ここではごく単純に，こう考えてみよう。私たちは，少年によるものに限らず，犯罪や治安に関する情報をどこから得ているのだろうか。

　少し前の調査だが，内閣府が2004年と2006年におこなった「治安に関する世論調査」では，「治安に関する情報」の入手先は「テレビ・ラジオ」がまず圧倒的にあり（2004年95.7％，2006年95.5％），ついで「新聞」が続き（2004年80.1％，2006年81.1％），大きく水をあけて「家族や友人との会話など」（2004年32.3％，2006年38.4％），「インターネット」（2004年10.9％，2006年21.6％）となっていた。現在ではインターネットの割合がより高くなってきているだろうが，基本的な傾向は現在でも変わらないのではないだろうか。つまり私たちは現在でも，テレビや新聞といった「マスメディア」からの情報を手がかりに，治安や犯罪についての認識を構成していると考えてよいように思われる。

　だとすれば，先ほど述べたギャップの発生は，マスメディアの報道を分析していくことで明らかになる部分もあるのではないだろうか。このような観点から本章では，少年犯罪をめぐる認識と実態のギャップという謎を，少年犯罪報道を手がかりに解きほぐしてみたい。

2. 少年犯罪報道は私たちに何を伝えてきたか ──新聞報道の通時的分析

(1) マスメディアは私たちにどのように影響を与えるものなのか

　とはいえ，私たちの少年犯罪イメージについて，マスメディアがそれを思うままに操り，私たちを「洗脳」しているというような話をしたいのではない。そのような素朴な見方は「魔法の弾丸理論」「皮下注射針モデル」など

と呼ばれるが，これらは実証的な研究においては半世紀以上も前に否定されている（Lazarsfeld, Berelson & Gaudet 1944=1987）。本章で念頭に置いているのは，そうした実証研究の蓄積のなかから浮上した，あるひとつの理論的立場である。それは，マスメディアが人々にもたらす効果として「議題設定」があるとする理論，つまりメディアにはその受け手をがらりと塗り替えるほどの強い直接的効果はないが，あることがらについて「何を考えるべきであるか」，またどう考えるべきかという認識のレベルにおいて影響を与えるとする理論である（McCombs & Shaw 1972；竹下 1998, pp.3-4）。

テレビにおいては限られた放送時間のなか，新聞においては限られた紙面のなかで，世の中で起こる無数のできごとのうち，まず扱うべきできごとが取捨選択され，次にどのような視点から報じるかが取捨選択されて，私たちのもとに「ニュース」は届けられている。大庭絵里（1988）によれば，その取捨選択の視点は①一般性（社会一般，多数の人々への影響），②刺激性（常軌を逸する度合い），③流行事象との適合性（世相を反映すると判断された度合い），④連続性（すでに報じられた事件との同時多発性）などにあるとされるが，いずれにせよ私たちが目にする「ニュース」は，この社会で起こるできごとがすべてありのままに映されたものではないのである(2)。だからこそ，「ニュース」を分析することで，本章でいえば少年犯罪をめぐって，何が考えられるべきこととして私たちのもとに情報として届けられ，私たちの認識の資源となってきたのかを考察することが可能になるといえる(3)。

(2) 「社会」に原因を求めた時代

さて，では具体的に報道を分析していくことにしよう。以下では，戦後の「朝日新聞」で報じられた少年による殺人事件の記事（1945年から2016年まで）を素材に，総体的な傾向を整理していく。新聞を対象とするのは，テレビやラジオとは異なり，新聞は図書館にある「縮刷版」や，大学図書館のホーム

ページから接続できる「新聞記事データベース」によって，過去にさかのぼった分析ができることによる。雑誌でもこれは可能だが，ここではより影響力の強いメディアとして新聞を選んでいる。また，殺人事件に関する記事を扱うのは，注目度の高い事件報道——つまり私たちが接する可能性の高い事件報道——を扱うことが，マスメディアの報道のなかに私たちの治安・犯罪の認識資源を探してみるという本章のスタンスに適していると考えたためだ。

　まず，戦後まもなくからみていこう。戦後から1960年代までの少年による殺人事件は，ほぼ加害少年の置かれた「社会環境」の問題が事件の背景にあると語られていた。事件のいくつかを例にとると，1953年の大井・映画館での女性殺害事件では「貧苦にあえぐ家庭環境」が，1958年の小松川・女子高校生殺害事件は「勤労少年の働く職場の非人間的な環境」が，1967年の柏・連続女性殺害事件では「混血児の置かれた生活苦と差別的環境」が，1966年の巣鴨・ホステス殺害事件や1969年の幼児誘拐殺害事件では「少年少女を堕落させる大都会の環境」が，それぞれ事件の背景にあると語られ，そうした社会環境が少年少女をして犯罪へと至らせたのだとされていた。新聞記事から，当時の典型的な語り口を例示しておこう。

>　なぜ勤労少年は凶悪化するか——同課では，職場にこそ第一の責任があるとしている。中学を出て初めて実社会に出た少年に対し，多くの工場では「少年だから」という思いやりもいたわりもなく「働かせればいい」と馬車馬のように働かせるだけ。少年工の人間的な悩みなどにはハナもひっかけず，単に労働力の単位，としてしか扱わない。それに加えて大人の従業員たちの少年の前もはばからぬ言動，これで不良化しなかったらよっぽど，という悪条件のルツボだ。(「朝日新聞」1958年9月2日付「少年工の犯罪ふえる　悪い職場の環境」)

　事件報道は，少なくない場合，ただできごとを淡々と伝えるだけでなく，

そのできごとについてとくに何が考えられるべきか，問題の核心はどこかを選択的に指し示すことで，同じようなできごとの再発防止に向けた「解決の物語」を同時に示してもいる。当時の報道において，それは少年の置かれた「社会環境」の改善とされていたわけだが，その理由を考えるにあたっては，戦後復興から高度経済成長に向かっていた当時の時代的状況を考えてみると当てはまりがよさそうである。つまり，経済が発展し，生活環境が総体的に改善に向かうなかで，「社会環境」が良くなりさえすれば，少年犯罪に限らない多くの社会問題もまた改善されていくはずだという解決の物語が社会のなかで分け持たれていたと考えると，当時の報道や言論一般との整合性がとれるように思われる。もちろん，事態はそう単純なものではないだろうが，当時の報道が諸事件の「落としどころ」をそのようなところに置いていたことは，たしかに観察できることである。

(3) 「家庭」と「学校」に原因を求めた時代

　高度経済成長期を駆け抜けた1970年ごろから，いま述べたような「社会環境」こそが問題だとする報道は，ほぼみられなくなる。代わりに姿をあらわすのは，「家庭」や「学校」での問題が少年事件の背景にあるとする報道だった。たとえば家庭なら放任や過保護，学校なら受験戦争のストレスが，事件の根底にあると語られていた。

　具体的な事件を挙げていえば，1969年に神奈川県の進学校に通う高校1年生が起こした同級生殺害事件は学校での「劣等感」が，1971年の箱根・中学同級生殺害事件は「人間関係の悩み」が，1972年の中野・小学5年生による幼児殺害事件では「家庭の放任的環境」が，1979年の世田谷・高校生による祖母殺害事件では逆に「家庭での過保護」が，それぞれ背後要因として語られていた。これらの組み合わさったパターンとして，1988年の目黒・両親殺害事件では，仕事に追われ子どもにかかわれない父親，病弱で子ども

にかかわれない母親，厳格な祖父，子どもを溺愛する祖母，親の有名私立校進学への期待という，複雑に絡みあう家庭内の人間関係が事件の背景にあると報じられていた。

> 10日までの調べで，家庭内の複雑な家庭関係が，事件の背景にあることが浮かび上がってきた。病弱な母親は子育てを祖母にまかせ，祖母は少年を溺愛した。子煩悩だった父親も仕事に追われ，「重し」役の祖父は，犯行当日，旅行で家にいなかった。少年は学校などでの表向きの明るさの一方，黙々と壁を相手にキャッチボールをすることもあった。「『明』と『暗』が心の中に同居している」。捜査員の印象だ。(「朝日新聞」1988年7月10日付「肉親殺し少年『明』と『暗』心の屈折　複雑な家族関係の影」)

かかわりに何かしら不足があるとみられれば「放任」，何かしら過剰があるとみなされれば「過保護」として家庭は問題化され，学校もかかわりのトラブルが発生する場として位置づけられるようになっていた。少年少女の置かれる社会・経済的環境ではなく人間関係に焦点が当てられる，このような問題認識のあり方は，意外に思われるかもしれないが，1960年代以前にはかなり少数派といえるものだった。このような報道の変容についての解釈はさまざまにできると考えられるが，高校進学率が1970年には80％，1974年には90％を超して，少年少女の暮らす世界が学校と家庭へと押し縮められていったことが，少年犯罪をめぐる解釈枠組みの変容にもっとも深く関係しているように思われる。

ただ何にせよ，家庭や学校が問題だとされていたということは，家庭や学校で適切な対応をとりさえすれば，重大な事件の発生は食い止められるという解決の物語が，この時期には分け持たれていたことを示している。しかし，子どもにしっかりとかかわりさえすれば少年犯罪は食い止められるという認

識は，この後大きな揺らぎをみせることになる。

(4) 「心の闇」をかかえた不可解な少年たち

　現在につながる，少年犯罪についての認識の転換点となったのは，1997年に発生した神戸・連続児童殺傷事件だと考えられる。かつては社会環境，1970年前後からは家庭や学校の問題として理解されていた少年犯罪は，次のような解釈の枠組みのもとに報道されるようになる。

> 　大人の側から見えない子供の姿。なぜA君をねらったのか。なぜ頭部を切断しなければならなかったのか——捜査本部の調べにも少年ははっきりとした動機を話していない。「心の闇（やみ）」は深い。(「朝日新聞」1997年6月30日「14歳　心の闇（上）活発・やさしさの陰で」)

　いまや手垢(てあか)にまみれた言葉になった感もあるが，神戸事件以降，「心の闇」という表現を通して，加害少年の異常な内面が諸事件の原因として語られるようになった。2000年に起きた豊川・主婦殺害事件，佐賀・バスジャック事件，岡山・バット殴打事件，大分・一家殺傷事件，2003年の長崎・幼児殺害事件，2004年の佐世保・同級生殺害事件などが，いずれも「心の闇」に由来するもの，つまり一見普通に見えるものの，大人には理解できない異常な内面をかかえ，結果として残忍な事件を起こす少年少女による事件だとして報じられた。1998年に起きた黒磯・教師刺殺事件や，東松山・同級生刺殺事件は「突然キレる少年」による事件として報じられたが，これもまた，一見普通に見える若者がじつはその内に衝動を秘めているという，大きくは同様の観点から解釈された事件だといえるように思われる。
　しかし，この「心の闇」という言葉は，何かを語っているようで，じつは何も語っていない言葉であるようにも思える。2004年の佐世保での事件は6

月1日火曜日の午後に発生しているのだが，4日金曜日に発売されたある週刊誌にはすでに「少女の『心の闇』は深い」という記述があった。まだ事件の詳細な状況もさしてわかっていないのに，なぜそのようなことが言えるのだろうか。そう考えると，この「心の闇」という言葉は，少年少女をめぐる何か具体的な手がかりを示す言葉というよりも，事件をなんとなく理解した気にさせる「紋切型」として用いられていた部分も大きいように思われる。

いずれにせよ，1990年代から2000年代にかけて，多くの事件が「心の闇」という観点から報じられるようになった。ただ報じられたというだけでなく，かつてよりも非常に集中的に報じられるようになった。**図12-2**は，少年による殺人事件の検挙者数と，「朝日新聞」で少年による殺人事件が報じられた記事数をまとめたものだが，1997年から10年ほどのあいだ，非常に多くの報道が費やされたことがわかる（記事の抽出方法については牧野〔2006〕を参照）。だがこの報道量の増加は，戦後から1960年代までに比べると，検挙者数が3分の1以下に減少しているにもかかわらずの増加である。

図12-2 「殺人による少年の検挙者数」と「少年による殺人事件の記事数」

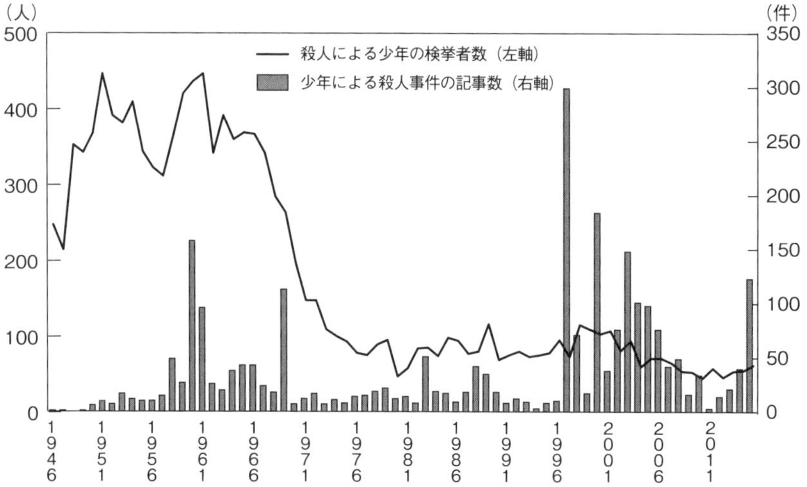

（出所）牧野（2006；2016）をもとに改変。

大人には理解できない，不可解な内面をかかえた少年少女たちによるとされる事件が，かつてないほど集中的に，微に入り細にわたって報じられたこと。1997年以降，少年少女の「心のサイン」を読み取ることが事件再発防止の鍵になると報道では語られるのだが（解決の物語），一見普通に見える少年少女たちになんらかの異常性の兆候を読み取るという営みは，言うは易く行うは難しだろう。実際，重大な事件が起こると，しばしば子どもにどう接していいかわからないとする親や教師たちの不安をとりあげる記事が並置されていた。こうみてくると，社会や家庭，学校がどうかかわってもどうにもならない「心の闇」という問題が集中的に語られるなかで，少年非行をめぐる状況が悪化しているという認識が，拭い難いものとして私たちの社会に広まっていったとは考えられないだろうか。

3.　「心の闇」から抜け出すことはできるか？
——神戸・連続児童殺傷事件報道の再検証

　この「心の闇」という言葉は，かつてほどではないものの，いまだに使われつづけている。残虐な事件や，突然発生したように見える事件が起きると，「心の闇」は見えない，晴れない，しかしそれを解き明かさねばならないと語られ続けている。神戸事件から20年を経ても，いまだ少年犯罪への不安が高止まりしていることの背景には，そのような固定化した報道のあり方も影響しているのではないだろうか。
　だが，このような出口のない考え方に私たちの社会はとどまるべきだろうか。もっと異なる考え方がありえないものだろうか。そこで本節では，そもそも「心の闇」という言葉が社会に広まるきっかけとなった1997年の神戸

事件の報道（ここでは①代表的な新聞メディアといえる「読売新聞」「朝日新聞」「毎日新聞」，②雑誌メディア，③地元の「神戸新聞」における事件関連記事）を見直し，次のようなことを考えてみたい。まず，「心の闇」という言葉がどのようにして用いられるようになったのか。次に，この言葉を用いることの問題点は何か。最後に，不可解な少年事件に出会ったときに，私たちの社会が「心の闇」に事件を押し込めるだけではない向き合い方があるのか，である。

(1) 少年逮捕と学校原因論の破綻

　一連の事件は1997年3月の女児殺傷事件から始まっているのだが，新聞報道が異様な過熱をみせたのは，5月27日夕刊からだった。同日早朝，当時小学6年生だった被害男児の切断頭部と犯行声明文が中学校の校門前で発見されたと報じられ，ここから約1カ月にわたって，捜査の進展状況，犯行声明文の解釈，不審者・不審車などに関する報道が，おびただしく積み重なっていくことになる。そのなかでさまざまな犯人像が提出された。犯行声明文からすると学校に恨みをもった者の犯罪だろう，自己顕示欲の塊のような人間だろう，声明文からして学歴は高いだろう，30代から40代だろう，等々。犯行声明文には「さあ　ゲームの始まりです」という文言があったのだが，私たちの社会はまさにそれに釣られ，約1カ月間，非常に大がかりな推理ゲームをさせられることになったのである。しかし，そのほとんどの推理は外れた。

　6月28日に加害少年が逮捕され，翌29日朝刊では各紙が一面で第一報を伝えた。一面だけでなく総合面の左右，社会面の左右，社説などもこの事件で埋められ，学校関係者・地元住民・警察関係者の驚きの声，識者からのコメントなどが掲載された。

　このなかで，6月29日の「読売新聞」総合面「憎悪潜む"心の闇"　教育現場に戦りつ」において，はじめて「心の闇」という表現が用いられている。

記事ではまず，加害少年が中学3年生であることから「思春期」の精神状態の問題，「学校社会のストレス」の問題を指摘する識者コメントが掲載されるのだが，その後に「動機がそうした状況にあったとしても，子どもの首を切断するという猟奇性は異常だ」という見解が示され，結果として識者のコメントが退けられるかたちになっている。そして，「社会からの疎外感を感じた十四歳の少年。疎外感を埋めるのは自分だけの世界，仮想現実で，やがて現実と空想の区別がつかなくなった」として，加害少年の内面世界（「心理的な闇」）をこそ解明すべきだとまとめられていた。

　読売新聞の記事に影響を受けたものか定かではないが，翌30日から「朝日新聞」は「14歳　心の闇」という小連載を開始する。30日朝刊では「なぜ頭部を切断しなければならなかったのか——捜査本部の調べにも少年ははっきりした動機を話していない。『心の闇』は深い」と先にも紹介した記述が掲載され，「読売新聞」の記事と同様に，猟奇的事件の謎のありかとして「心の闇」という言葉が置かれている。

　加害少年の逮捕から7月中旬ごろまで，各紙はさまざまな解釈を試みていた。この時期の解釈においては，いま述べたような「心の闇」論と，それ以前の少年事件の定番的な解釈枠組みだった「学校問題」として事件をとらえようとする解釈とが拮抗していた。後者についていえば，いじめがあったのではないか，教育熱心な地域の「いい学校」で孤立したのではないか，体罰を受けたのではないか，といった解釈が幾度も示されていた。

　しかし，こうした学校原因論は，次のように考えを進めるとき，どうしても立ち止まってしまうことになる。

　　少年の心象風景は，「透明な存在のボク」が「義務教育への復讐」を誓う声明文と大きく重なる。しかし，なぜ，他人の痛みを考えない残酷な殺人に結びつくのか，その答えは闇の中だ。（「朝日新聞」1997年7月2日付「14歳　心の闇（下）緊急報告　児童殺害」）

先に示した「読売新聞」6月29日付の記事と同様に，事件の残虐性を説明しようした途端，いくら学校でストレスがあったからといって，学校に恨みをもっていたからといって，この残虐な事件は説明できないだろうと立ち止まってしまうのである。結果，その落としどころとして「心の闇」に問題が投げ込まれることになる。

　このとき起こっていたことは，社会学者の鈴木智之(2013)が述べる「**起動原因**」と「**構築原因**」という区分から整理するとすっきりする。起動原因とは行為のきっかけや背景となる原因で，構築原因とは，なぜほかでもないその行為がなされたのかを説明する原因のことを示す。事件報道にこれらを当てはめてみると，事件の背景としての起動原因はいくつも並べることができるものの，なぜほかでもない，このような残虐な行為をしなければならないのかという構築原因を考えようとすると背景論が破綻してしまう，という構図になっていると整理できる。こうして，破綻のたびに「心の闇」という言葉に逃げ込んで，それをなんとか繕うことになるが，このような報道がくり返されれば当然，学校原因論はその効力を失ってしまうことになる。

(2)　「心の闇」は解き明かされてはいけない？

　7月中旬以降，加害少年の残したノートについての情報が多く報じられるようになる。報道では「殺人が楽しくてやめられなかった」「儀式だった」「魂を抜こうとした」「人間の壊れやすさを確かめる実験」「バモイドオキ神」「聖なる儀式・アングリ」といった表現をとりあげては，「心の闇」が垣間見える記述だとしていった。

　7月中旬までしばしば語られた学校原因論は，このころになると「心の闇」を発生させたかもしれない一要因に「格下げ」されている。このころの動機・背景に関する報道では，学校での加害少年の姿，家庭，友人関係，ホラー映画愛好，動物虐待という「前兆行動」などが，これこそが主因だとい

う押し込みのないまま（押し込もうとすると構築原因に突き当たって破綻してしまうため），ただコラージュ的にちりばめられたものが中心的になっていた。

　ところで，こうした「心の闇」による解釈は，どのように解決を物語るのだろうか。再発防止のためには，上述したような「心のサイン」の読み取りが推奨されるわけだが，当の事件に関しては解決の方向性が示されることがない。これは加害少年の逮捕から一貫しているもので，たとえば７月２日の「朝日新聞」社説では次のようにあった。

> 　いま，大切なことは，事件の真実究明にあって少年ひとりの特異性に帰すことではない。おなじように，一般的な社会要因に原因のすべてを求めることでもない。短絡的な分析で，短絡的な結論を導き出してはならない。（中略）しばらくは，分からないことに悩み苦しむほうがいい。
> （「朝日新聞」1997年7月2日付社説「短絡的な結論ではなく」）

　以後の社説でも，事件にはいまだ不可解な部分が残る，動機や背景はよくわからないとしながらも，この事件の本質や背景に迫り，考える努力をやめるわけにはいかないと語られ続けた。しかしその際，各紙がとろうとした道は，困難な道であったようにみえる。つまり，先の社説にあったように「少年ひとりの特異性に帰す」ことが禁じ手とされる一方で，「一般的な社会要因に原因のすべてを求める」ことも戒められたためだ。どこかに問題を落とし込むことなく，ただ考え続けよう，闇をただひたすらに見つめようというスタンスをとることは，ある種真摯な態度ともいえるが，先の見えない，読者を不安に誘いかねない危険な選択肢でもあった。後から考えてみれば，このような新聞各紙の良心的といえるスタンスが逆説的に，意図せざる結果として，私たちの少年犯罪への不安をかき立てたと見ることができるかもしれない。

(3) 「解決」とは何なのか

　7月25日，少年は家庭裁判所に一括送致となる。各紙はこのときもまた，事件の動機や背景はなお不明と報じ続けた。25日午後には，神戸地検がおこなった記者会見のなかで，一連の犯行に至った動機が「祖母の病死をきっかけに『死』に強い関心を抱き，人を殺してみたいという欲望を持つようになった」と公式にはじめて言及されたのだが，各紙では翌日，祖母の死から殺人までには飛躍があるとして，この公式見解に疑問符をつけることになる。またしても，起動原因が構築原因の前に破綻させられ，事件は「心の闇」に突き返されてしまったのである。家裁送致以後，報道は収束に向かうが，最後までわからなさにとどまり続ける，このようなスタンスが保持され続けたのである。そしてこのようなスタンスは，以後の事件にも引き継がれていった。

　しかし，このような困難な道しか，どうにも解決ができないような道しか，事件への迫り方はなかったのだろうか。それを探るべく，筆者は他のメディアにおける事件関連記事を渉猟(しょうりょう)してみたものの，まず雑誌については，その手がかりを見つけることが難しいように思われた。というのは，雑誌では加害少年を「冷血鬼」「鬼畜」「悪魔」などと新聞以上に激しく罵(ののし)り，「『酒鬼薔薇聖斗』よ！ 鑑識はここまで解明している」といった挑発さえもおこない，新聞以上に不信や憎悪を煽っている傾向がみられるためだ。

　地元紙「神戸新聞」においても，事件の動機についての報道は全国紙と同様，学校原因論から「心」の問題へと傾斜していくものだったが，その一方で，全国紙ではあまりとりあげられないタイプの記事をみることができた。それは，事件の発生した神戸で暮らす人々についての報道である。事件発生から加害少年の逮捕後まもなくまでは，不安と恐怖に揺れる地元のようすが報じられていたのだが，7月中旬ごろからは，事件に衝撃を受けながらも，キャンプや映画会，ハイキングなどを企画し，新たなつながりを育んでいこ

うとする人々の取り組みや発言がとりあげられるようになっていた。さまざまな事件が紙面を奪い合う全国紙では，こうした記事はほぼみられないのだが，地元に密着した地方紙であるからこそ，こうした取り組みを日々紹介することが可能だったのだろう。

　もちろん，こうした前向きな報道は一部のもので，新たなつながりを育もうとする取り組みがすべて，すぐさま功を奏したわけではないだろう。しかしながら，ナイーブな議論であることを承知であえて言うならば，私たちの社会がこの事件に，あるいは衝撃的な事件一般や動機の不可解さに対して，それ自体は「解決」したと思えなくとも，それはそれとして人々は前を向くことができると知る，考えることも，事件に対するひとつの向き合い方としてありうるのではないだろうか。

　私たちはほとんどの場合，事件を遠くから眺めることしかできない。多くの場合，数日もしないうちに事件のことは忘れてしまうだろう。にもかかわらず，性急に事件の背景や動機をあれこれ解釈しようとし，残虐さに慣習的に立ちすくみ，とりあえず「心の闇」という言葉でお茶を濁し，そして大抵の場合それもすぐに忘れてしまう。そのように事件を紙面や画面越しに消費するだけの私たちにとって，事件の背景や動機は何よりの関心事であるだろうが，そのような消費者の目線で動機探しに夢中になると，ここまでみてきたような袋小路におちいってしまう。というより，そもそも事件の残虐性にかかわらず，なぜ人を殺さねばならなかったのかという構築原因の詮索自体に無理があるのではないだろうか。どう報道を重ねても，殺人の理由が理解できたというところにたどり着くことは，倫理上できないはずだ。これまでの事件報道の多くは，構築原因という「ブラックボックス」をそれなりに扱うのみでスルーしてきたのだが，神戸での事件ではそれを開け放ってしまった結果，それに憑りつかれてしまい，「心の闇」という言葉をぶつけるしかなくなったのではないだろうか。

　背景や動機を考えることが不要だとはいわないが，それが行き止まりにし

かたどり着かないならば，それ以外の道を探ってみることも必要であるはずだ。事件の動機がわからない，考え出すとどうしようもない。しかしそんなとき，どうやって人々はそれでも再び歩き出すのだろうか，と考えてみること。私たちの社会が「心の闇」から抜け出せるとすれば，それは「心の闇」に向き合い，徹底的に動機を解き明かさねばならないという考えから抜け出し，より多様な観点からできごとに向き合うことができるようになったときなのではないだろうか。

4. 私たちの「当たり前」を問い直すこと
―― 犯罪報道の国際比較を手がかりに

　それでも，背景や動機を考えるのは当たり前じゃないか，と思われるかもしれない。しかし，その「当たり前」には，考え直す余地がじつは大いにある。最後に視点を大きく引いて，そのことを考えてみよう。
　私たちが暮らす社会では，なんらかの重大事件が起こったとき，容疑者の動機解明が報道の焦点になることが多くある，というより，それは当然のように思われている。だが，日本と海外の新聞報道を比較してみると，それはどの社会でも「当たり前」ではないことに気づく。**図12-3**は日本の全国紙，ブロック紙，地方紙と，アメリカの代表的な新聞，イギリスの代表的な新聞をそれぞれ3紙ずつピックアップして，犯罪関連報道の内訳を整理したものである（2012年5月14日から20日までの記事を集計。分析対象としたのは国内の事件を扱う紙面で，日本では「社会面」，米英だと「National」というブロックに当たる）。
　日本の報道では，全国紙，ブロック紙，地方紙のあいだで大きな違いはなく，一様に事件の「発生・逮捕」を伝える報道の多いことがわかる。それに対してアメリカとイギリスでは，容疑者がどのような「裁判・収監」の状況

図12-3 犯罪報道の構成の国際比較

	発生・逮捕	捜査	裁判・収監	論評
日本－全国紙	71.1	7.9	21.1	0.0
日本－ブロック紙	66.3	12.4	21.4	0.0
日本－地方紙	69.0	16.1	12.9	2.0
アメリカ	43.1	14.5	36.6	5.8
イギリス	17.8	1.7	78.3	2.2

(出所) 牧野 (2013)。

にあるのかを伝える報道がより多い。イギリスではむしろ,「裁判・収監」報道こそが犯罪報道の中心である。また,図には掲載していないが,社会面のなかでさまざまなできごとが紙面を奪いあう日本では,新聞1ページあたりの記事数は平均して8件程度だが,アメリカとイギリスでは平均して2ないしは3件程度である(詳細は牧野 2013)。紙面の大きさが違うことも考慮すべきだが,日本では事件の「発生・逮捕」のみが次々と伝えられ,犯罪が起こっていることをひたすら私たちは知らされているのに対し,米英ではとくに注目すべきできごとのみが詳細に掘り下げられる傾向がある。

日本で事件が掘り下げられる場合は,前節までに述べたような事件の動機が中心であり,近年では少年の心理にとくに焦点が当てられているわけだが,アメリカやイギリスの掘り下げ方はまた異なる。たとえば「ニューヨーク・タイムズ」(2011年11月27日付)における,レストランチェーン「ワッフルハウス」で起きた強盗事件を扱った記事では,アメリカ南部で多くの事件が「ワッフルハウス」をひとつの起点として起こっていること——テロ攻撃の相談の場,逃亡中の容疑者が食事をとる場,強盗の対象となる場となっていること——にふれながら,南部の生活に深く浸透している「ワッフルハウス」(24時間営業で,どこにでもあって便利)の営業規制は容易ではないという話に展開していく。具体的な事件を手がかりにしながら,より広い社会的状況

について考察を展開するこのような記事は、週に1件程度みることができるものである。だが日本の場合、かなり話題となる事件でなければ、こうした論評に展開することはなく、多くの場合は少年の内面、せいぜい「半径5メートル」の人間関係の話に終始してしまう。

イギリスでは上述したように、事件の「発生・逮捕」や「捜査」よりも「裁判・収監」に関する報道が中心的である。調査期間において、とくに注目されていたのはある少年の殺害に関する裁判で、その論点は加害容疑がかけられた2人の元少年の加害行為そのものではなく、そこに人種差別的背景があったかということだった。サッカーでの人種差別に関する事案が引き合いに出される記事もあり、この事件はたんなる殺人事件ではなく、人種差別問題と重ねられて、注目の的になっていたといえる。いずれにせよ、「半径5メートル」の外へと、また最終的に事件が司法の場でどう決着をみたのかということへと、関心が開かれているといえる。

海外の報道、とくにイギリスの報道は、判決を経るまではあくまで「容疑者」であるという推定無罪の原則にのっとっている向きが強いが、日本の報道では事件の「発生・逮捕」ばかりが伝えられ、いまだ刑罰が確定していない容疑者に対して、過剰な「社会的制裁」がおこなわれているようにみえる（その情報の消費者として私たちもそこに加担している）。また、私たちの社会はあまりにも「半径5メートル」にとどまって動機の詮索をおこなっているが、そのような情報を求める欲望はどの社会においても「当たり前」ではないこと、それらなしでも社会は成立しうるということも、海外の報道から気づくことができる。もちろん、どちらが良くどちらが悪いということは簡単には言えない。だが犯罪という事象について、いま私たちが向きあっているあり方とはもっと異なるあり方があるということは、たしかに言えるはずだ。もし、私たちの社会の犯罪不安を過度に高めない道筋があるとすれば、これは報道する側の問題でももちろんあるだろうが、事件の発生や逮捕、あるいは微細な動機の詮索を焦点とする報道は「当たり前」ではなく、またそうした

情報を求める欲望もまた「当たり前」ではないとして，私たち自身がメディアから提供される情報を冷静に見直すことから歩まれるものではないだろうか。

さまざまな視点から「半径5メートル」のあり方は見直すことができ，その向き合い方は少しずつだが変えていくことができる。本章を含め，本書が全体として提供してきたのは，そのための答え……ではなく，皆さんにその活用が委ねられた，ヒントの数々である。

WORK

❶ 本章では新聞と雑誌の分析から議論を進めてきたが，テレビにおける犯罪報道，インターネット上にある犯罪関連情報は，それぞれどのような特質をもっているだろうか。任意の一事件を素材にして，テレビとインターネットが，それぞれどのような情報を私たちに提供しているのか，できる限り具体的に詳しく調べ，それぞれが社会的に果たしている機能について話しあってみよう。

❷ 「心の闇」に注目した報道の増加と歩みを合わせるように，少年犯罪への厳格な対処，いわゆる「厳罰化」の要求が高まってきた。そのような要求を踏まえた少年法の三度の改正（2000年，2007年，2014年）の内容について調べ，報告してみよう。また，そのような改正がどのような効果をもつのか考え，報告してみよう。

〈注〉
(1) 本章では，少年法第2条にのっとって，「少年」とは20歳に満たない者のことをさしている。
(2) たとえば図12-2で示すように，少年による殺人事件は2011年1年間を通してたった3件しか報じられていないのだが，これはなぜだろうか。この年は殺人事件が起きなかったわけではない。おそらく東日本大震災によって社会面がほぼ埋められてしまったため，事件の報じられる度合いが減少したことが，もっとも大きな原因だと考えられる。このように，何がニュースに

なるかということは，その時々の相対的なニュース価値のなかで決定されるものなのである。
(3) 本章で示されるのは，あくまでも私たちの認識の大枠を形成する資源としてのニュースそれ自体であって，それが私たちのニュースの受け取り方そのものをあらわしているわけではない。受け手がニュースをどう受け取っているのかについては，また別に検討されるべき問題である。
(4) 日本については単純に発行部数の上位3紙を選んでいる。つまり，全国紙では「読売新聞」「朝日新聞」「毎日新聞」，ブロック紙では「中日新聞」「北海道新聞」「西日本新聞」，地方紙では「静岡新聞」「神戸新聞」「京都新聞」である（ABC調査協会『新聞発行社レポート 半期（2011年7月－12月）』を参照）。アメリカの新聞については，発行部数の多い新聞が多く集まるニューヨークにおける部数上位3紙（「ニューヨーク・タイムズ」「ニューヨーク・デイリーニュース」「ニューヨーク・ポスト」），イギリスの新聞については保守系高級紙「タイムズ」，リベラル系高級紙「ガーディアン」，発行部数の多いタブロイド紙のなかでもゴシップ中心ではなく国内ニュースを扱う「デイリー・メール」の3紙をピックアップした。より詳細な選定基準については牧野智和（2013）を参照。

〈参考文献〉
大庭絵里（1988）「逸脱の可視化──『犯罪事件』のニュースへの転化」（『犯罪社会学研究』第13号，122-139ページ）
鈴木智之（2013）『「心の闇」と動機の語彙──犯罪報道の一九九〇年代』青弓社
竹下俊郎（1998）『メディアの議題設定機能──マスコミ効果研究における理論と実証』学文社
牧野智和（2006）「少年犯罪報道に見る『不安』──『朝日新聞』報道を例にして」（『教育社会学研究』第78号，129-146ページ）
─── （2013）「犯罪報道の国際比較分析──日米英三カ国の新聞報道を素材にして」（『ソシオロジカル・ペーパーズ』第22号，95-108ページ）
─── （2016）「神戸・連続児童殺傷事件報道の再構成／再検証──『心の闇』というニュース・フレームの形成・定着過程を中心に」（『人間関係学研究』第17号，127-144ページ）
Lazarsfeld, Paul F., B. Berelson and H. Gaudet（1944=1987）*The People's Choice: How the Voter Makes Up his Mind in a Presidential Election*, Duell, Sloan and Pearce.（ラザーズフェルドほか『ピープルズ・チョイス──アメリカ人と大統領選挙』有吉広介監訳，芦書房）
McCombs, M. E. and D. L. Shaw（1972）"The Agenda-Setting Function of Mass Media," *Public Opinion Quarterly*, 36, pp.176-187.

執筆者一覧(執筆順)

中西啓喜(なかにし ひろき)第1章
早稲田大学人間科学学術院助教(教育社会学)。主な論文に「少子化と90年代高校教育改革が高校に与えた影響」(『教育社会学研究』第88集,2011年),「パネルデータを用いた学力格差の変化についての研究」(『教育学研究』第82巻4号,2015年)。

白川俊之(しらかわ としゆき)第2章
広島大学大学院総合科学研究科准教授(教育社会学,社会階層論)。主な論文に「大学・短大の専門分野はどのように決まるのか」(中澤渉・藤原翔編著『格差社会の中の高校生』勁草書房,2015年),「教育期待の階層差生成過程に関する国際比較研究」(『フォーラム現代社会学』第16号,2017年)。

古田和久(ふるた かずひさ)第3章
新潟大学人文社会・教育科学系准教授(教育社会学)。主な論文に「『学校不適応』層の大学進学」(中澤渉・藤原翔編『格差社会の中の高校生』勁草書房,2015年),「高校生の学校適応と社会文化的背景」(『教育社会学研究』第90集,2012年)。

片山悠樹(かたやま ゆうき)第4章
愛知教育大学教育学部准教授(教育社会学)。著書に『「ものづくり」と職業教育』(岩波書店,2016年),『多様化する社会と多元化する知』(共編,ナカニシヤ出版,2017年)。

林 明子(はやし あきこ)第5章
大妻女子大学家政学部常勤特任講師(教育社会学,教育学)。著書に『生活保護世帯の子どものライフストーリー』(勁草書房,2016年),主な論文に「生活保護世帯に育つ子どもの中卒後の移行経験に関する研究」(『教育社会学研究』第95集,2014年)。

伊藤秀樹(いとう ひでき)第6章
東京学芸大学教育学部講師(教育社会学,生徒指導論)。著書に『高等専修学校における適応と進路』(東信堂,2017年),『生徒指導・進路指導 理論と方法』(共編,学文社,2016年)。

寺沢拓敬(てらさわ たくのり)第7章
関西学院大学社会学部准教授(言語社会学,教育社会学)。著書に『「なんで英語やるの?」の戦後史』(研究社,2014年),『「日本人と英語」の社会学』(研究社,2015年)。

加藤一晃(かとう かずあき)第8章
名古屋大学大学院教育発達科学研究科博士課程(教育社会学),日本学術振興会特別研究員。主な論文に「高等学校における『文武両道』言説の組織論的研究」(2015年度名古屋大学修士論文),「高等学校における部活動の実態に関する一考察」(『教育論叢』第60号,2017年)。

内田　良（うちだ りょう）第9章
名古屋大学大学院教育発達科学研究科准教授（教育社会学）。著書に『教育という病』（光文社，2015年），『ブラック部活動』（東洋館出版社，2017年）ほか。

妹尾麻美（せのお あさみ）第10章
立命館大学立命館グローバル・イノベーション研究機構専門研究員（教育社会学）。主な論文に「新規大卒就職活動において『やりたいこと』は内定取得に必要か？」（『ソシオロジ』第59巻3号，2015年）。

知念　渉（ちねん あゆむ）第11章
神田外語大学講師（教育社会学）。著書に『〈ヤンチャな子ら〉のエスノグラフィー』（青弓社，2018年），主な論文に「〈インキャラ〉とは何か」（『教育社会学研究』第100集，2017年）。

牧野智和（まきの ともかず）第12章
大妻女子大学人間関係学部専任講師（自己の社会学）。著書に『自己啓発の時代』（勁草書房，2012年），『日常に侵入する自己啓発』（勁草書房，2015年）。

編者

片山悠樹（かたやま ゆうき）
愛知教育大学教育学部 准教授

内田　良（うちだ りょう）
名古屋大学大学院教育発達科学研究科 准教授

古田和久（ふるた かずひさ）
新潟大学人文社会・教育科学系 准教授

牧野智和（まきの ともかず）
大妻女子大学人間関係学部 准教授

装幀　森デザイン室
DTP　編集工房一生社

シリーズ　大学生の学びをつくる
半径5メートルからの教育社会学

2017年9月15日　第1刷発行 2019年4月1日　第3刷発行	定価はカバーに 表示してあります

編　者　　片山悠樹・内田　良
　　　　　古田和久・牧野智和

発行者　　中　川　　進

〒113-0033　東京都文京区本郷2-27-16

発行所　株式会社　大月書店　　印刷　太平印刷社
　　　　　　　　　　　　　　　　製本　中永製本

電話（代表）03-3813-4651　FAX 03-3813-4656　振替00130-7-16387
http://www.otsukishoten.co.jp/

©Y. Katayama, R. Uchida, K. Furuta & T. Makino 2017

本書の内容の一部あるいは全部を無断で複写複製（コピー）することは
法律で認められた場合を除き、著作者および出版社の権利の侵害となり
ますので、その場合にはあらかじめ小社あて許諾を求めてください

ISBN978-4-272-41238-9　C0037　Printed in Japan

シリーズ「大学生の学びをつくる」

大学生の学習テクニック 第3版

森靖雄著
A5判／288頁／1800円
(2014.12)

これ1冊で，大学生活がみるみる充実！ 講義やレポートから就活まで，丸ごとサポート．累計7万部を売り上げたロングセラーの最新改訂版．

〈私〉をひらく社会学
若者のための社会学入門

豊泉周治，鈴木宗徳，
伊藤賢一，出口剛司著
A5判／240頁／2400円

個人化された世界に閉ざされ，社会的経験を奪われている若者たち．その困難の原因を知り自己と世界の回復へ．

大学生になるってどういうこと？
学習・生活・キャリア形成

植上一希，寺崎里水，
藤野真著
A5判／192頁／1900円
(2014.4)

多くの大学で課題となっている初年次教育．大学での生活や学習方法の基礎がわかり，4年間と卒業後のビジョンが描ける実践的テキスト．

ハタチまでに知っておきたい性のこと 第2版

橋本紀子，田代美江子，
関口久志編
A5判／200頁／2000円
(2017.3)

からだの仕組みや避妊の方法，性感染症への対処法など，性をめぐる基礎知識を実践的に解説．セクハラやデートDVの問題も考える．

大学生のためのメンタルヘルスガイド
悩む人，助けたい人，知りたい人へ

松本俊彦編
A5判／224頁／1800円
(2016.7)

大学生が直面しやすいメンタルヘルスの問題に対して，それぞれの分野を代表する専門家がやさしく解説．処方箋となる1冊．

わかる・身につく歴史学の学び方

大学の歴史教育を考える会編
A5判／208頁／2000円
(2016.11)

概説書・研究書・論文の読み方，ノートのとり方，ゼミ発表，そして卒論執筆．大学4年間の学びに欠かせないワザと工夫を指南．

単行本

貿易入門
世界と日本が見えてくる

小林尚朗, 篠原敏彦, 所康弘編
A5判/280頁/2300円
(2017.4)

貿易の理論や歴史, 今日の課題, さらには貿易実務までカバーする入門テキスト. 貿易をめぐる話題が絶えない現代社会の理解に.

そろそろ、部活のこれからを話しませんか
未来のための部活講義

中澤篤史著
46判/272頁/1800円
(2017.2)

日本独自の文化である部活は, そもそもどうして生まれたのか. いま何が問題で, これからどうすべきなのか. 世界初の部活入門書.

99％のための経済学入門　第2版
マネーがわかれば社会が見える

山田博文著
A5判/240頁/1900円
(2016.7)

1％の富裕層に仕える経済学ではなく99％の生活者のための経済学を. アベノミクスの矛盾や中国経済など最新データを補足した第2版.

教師の心が折れるとき
教員のメンタルヘルス
実態と予防・対処法

井上麻紀著
46判/160頁/1500円
(2015.5)

教員専用のメンタルヘルスケアの経験から, ダウンしてしまう教員の実態と, 予防から職場復帰に至る対処ポイントをまとめる.

人文・社会科学系大学院生のキャリアを切り拓く
〈研究と就職〉をつなぐ実践

佐藤裕, 三浦美樹, 青木深, 一橋大学学生支援センター編著
A5判/208頁/2400円
(2014.3)

研究職志望者・企業等への就職志望者の双方に対応し, ポストドクター・外国人留学生・大学教職員にも役立つ必携のテキスト.